JN200273

特別支援教育への招待

改訂版

宮城教育大学特別支援教育講座 編

教育出版

執筆分担一覧 (＊…編集委員)

＊植木田潤	宮城教育大学 特別支援教育講座	(1章, 4章, 7章1(4)・2・3)
＊永井伸幸	同上	(2章1・2, 8章1・2(1)・3)
長尾 博	滋賀大学 教育学部 (元・宮城教育大学 特別支援教育講座)	(2章3)
＊松﨑 丈	宮城教育大学 特別支援教育講座	(3章1・2, 8章2(2))
藤島省太	同上	(3章3・4)
＊寺本淳志	同上	(5章1・2, 10章4(3))
菅井裕行	同上	(5章3・4,10章1・2・3・4(1))
＊村上由則	宮城教育大学 教職大学院	(6章, 9章1・3, 10章4(2))
関口博久	宮城教育大学 特別支援教育講座	(7章1(1)〜(3))
野崎義和	宮城教育大学 教員キャリア研究機構	(9章2)
三科聡子	宮城教育大学 特別支援教育講座	(10章4(4), 11章)
佐藤 静	宮城教育大学 教職大学院	(12章)

は じ め に

　初版『特別支援教育への招待』は，2007年度の特殊教育から特別支援教育への移行を目前とした2005年に刊行され，本学を中心に特別支援教育を学ぶ学生たちの教科書・参考書として広く活用されてきました。この度，その改訂を行うことになりました。この14年間に，特別支援教育をめぐる状況は大きく変わった部分と，旧態依然の部分があります。変化した代表は，社会の中に障害があったり支援を必要する子ども・人びとを広く受け入れようとする意識が醸成されてきている点です。文部科学省の特別支援教育資料をもとに，2006年度と2016年度とを比較すると，特別支援学校が1,006校から1,125校，特別支援学級が24,994学級から39,386学級に増加しています。「共生社会の形成に向けたインクルーシブ教育システムの構築」（文部科学省，2012）を担う特別支援教育は，質的側面の検討は必要ではありますが，量的に拡充してきていることは事実です。この先には，共生社会の価値観の中で開催される，2020年東京オリンピック・パラリンピックがあります。

　学校教育そのものにおいても，2018年度の幼稚部を皮切りに，新学習指導要領の段階的改訂があります。特別支援教育学校学習指導要領においても，「社会に開かれた教育課程」の視点が強く打ち出されており，社会との連携を大切にすることは当然ですが，小学校・中学校・高等学校の教育との関連性を十分に考慮することを重視しています。それとともに，特別支援教育が特別支援学校・学級に閉じることなく，小学校等における教育・指導においても特別支援教育の視点・方法論に学ぶことを求めていると言って良いでしょう。

　このような共生社会の形成と，学校における教育・指導および関係機関との連携の中心となるのは，特別支援教育を担当する教員です。文部科学省は2020年度までには，特別支援学校教員のおおむね全員の教諭免許の保有と，専門性の向上に努めるとしています。このことは取りも直さず，特別支援教育を学ぶ学生の量的増加に結び付いています。この領域に関心を持ち，その免許取得を

目指す学生は年々増えてきていることは事実です。しかし，この一方で，養成の質的保証を深く考えることも不可欠になってきています。

　先に述べた旧態依然とした部分は，特別支援教育を担う教員の資質とその養成のあり方です。教員に不可欠な要素としての「子どもへの愛情」のゆえに，学校等の指導・支援の現場では，時として「瞬間・瞬間」の子どもへの対応に終始し，その子どもたちの10年後・20年後の姿を十分に想定しないものに陥りがちです。一方，大学における教員養成においては「障害の科学」が重視されるのは当然ですが，生活的側面からの実態把握と介入，長期的変容の追跡，さらには子ども集団・学級経営等の視点が十分とは言い切れません。

　この度の「特別支援教育への招待」の改訂においては，本学の特別支援教育および関連領域担当教員が各自の研究を土台に，インクルーシブ教育を構築するうえで不可欠な障害・支援にかかわる科学的視点，客観的分析，時間軸の中の長期的変容，ICT活用，子どもたちと社会との関係などを，可能な限り考慮し執筆しました。

　特別支援教育を学ぶ学生，その先にいるさまざまな困難を抱えた子どもたち，保護者，さらには共生社会の形成のために活用していただくことを願っています。

執筆者を代表して

村上　由則

目　　　次

Ⅲ　特別支援教育の応用

I　特別支援教育の基礎

1章　特別支援教育の原理

特別支援教育の原理

　2006（平成18）年12月，わが国の教育の根幹をなす「教育基本法」は，制定されて以来初めての全面改正を迎えることとなった。改正された教育基本法には「障害のある者が十分な教育を受けられるよう，教育上必要な支援を講ずべきこと」が新たに規定されており，これを根拠に「特別支援教育」を推進するための土台が確立することとなった。こうして，2007（平成19）年4月に「学校教育法等の一部を改正する法律」に示された内容が具現化されることで，特別支援教育の時代が幕開けとなったのである。

　一般的には，それまで障害のある子どものために実践されてきた「特殊教育」が「特別支援教育」へと形を変えるための法改正であるとも理解されているが，実質はそれにとどまらず，それまで通常教育と特殊教育という二極化したわが国の教育体制を一本化したものに捉え直し，新たな構造へと改革しようと試みる，まさに日本の教育を根底から変えるパラダイム・シフトの起点となった。

　このようなパラダイム・シフトが生じた背景はさまざま考えられるが，大きな要因の一つとしては，障害のある人をめぐる「障害者観」が時代とともに変遷してきていることがあげられるだろう。それでは，現代的な障害者観とはどのようなものかを整理してみたい。

1．現代的な障害観

(1) 障害とは

　そもそも，「障害者とはどのような状態にある人を指すのか」を問われて，

正確に言葉で表現できるだろうか。わが国の障害者施策の根拠となる「障害者基本法」は，社会の障害者観の変遷とともに改正を重ねてきている。2013（平成25）年に改正された障害者基本法の第2条では，「障害者」の定義を「身体障害，知的障害，精神障害（発達障害を含む。）その他の心身の機能の障害（以下「障害」と総称する。）がある者であつて，障害及び社会的障壁により継続的に日常生活又は社会生活に相当な制限を受ける状態にあるものをいう」と記しており，また，「社会的障壁」について「障害がある者にとつて日常生活又は社会生活を営む上で障壁となるような社会における事物，制度，慣行，観念その他一切のものをいう」と定めている。ここで注目したいのは，障害“及び”社会的障壁による制限を受けている状態であると記されていることである。つまり，もって生まれた心身の不具合や不都合がある状態を指して「障害者」とするのではなく，それに加えて，社会的障壁が存在している場合において，はじめて障害者が“生ずる”という考え方になっている。簡単な例をあげれば，生まれつき“見えにくさ”があったとしても，それを眼鏡やコンタクトレンズといった道具で補正して障壁を除去することが可能な者は，障害者にはあたらないということにもなる。2000（平成12）年度版『障害者白書』には「障害者を取り巻く4つの障壁」として，それぞれ，①物理的な障壁，②制度的な障壁，③文化・情報面での障壁，④意識上の障壁（心の壁）があげられており，これらの障壁を取り除くことが，障害者の自立と社会参加を実現する「バリアフリーな社会」には不可欠であり，心身の不具合や不都合を抱えた者だけが努力するのではなく，社会の側の障壁を除去する不断の努力が求められているのが，現代的な障害者観の最大の特徴である。

(2) 「ICIDH」から「ICF」へ

1980（昭和55）年に世界保健機関（WHO）は国際疾病の補助分類として，「国際障害分類 International Classification of Impairments, Disabilities, and Handicaps（ICIDH）」を発表した（図1）。ICIDHは障害理解のモデルであり，図1に示されるように，まず「病気/変調 Disease or Disorder」を起点とし

て「機能障害 Impairment」が生じ，そこから「能力障害 Disability」が発生，それが「社会的不利 Handicap」に連鎖していくという考え方で障害というものを捉えようとしていた。例えば，肢体不自由のある人（病気／変調）には，手足の麻痺（機能障害）があり，そこから移動の制限や教材教具を操作することの困難（能力障害）が生まれ，他児と同一の環境やカリキュラムで学ぶことが難しくなるといったものである。しかし，このモデルで障害を捉えることには，障害が社会的不利を生む過程や関連性を把握しやすいというメリットがあるのと同時に，例えば，今ある「社会的不利」を改善するためには「能力障害」や「機能障害」を改善することに目標が置かれ，その結果，障害のある人が社会に適応するために"治療やリハビリテーション"に取り組む点が強調されるというデメリットもあることが指摘されてきた。

　先に記したように，現代的な障害者観に立てば，障害は個人の内にあるものではなく，個人と社会の間にある障壁によって生ずるものなので，社会の側の努力も求められるべきであり，ICIDHの考え方は，障害のある人を取り巻く社会背景とは矛盾するようになってきた。そうした時代の流れを受けて，2001（平成13）年にICIDHの改訂版として，同じWHOで「国際生活機能分類 International Classification of Functioning, Disability and Health (ICF)」が採択されることとなった（図2）。ICFは障害を"環境・社会との関係で捉える社会モデル"で捉えており，図2に示されるように，障害者の「生活機能」を中心に据えており，多様な「環境因子」を重視しつつ，障害者の活動や参加を機能的に評価する点に最大の特色がある。また，「環境因子」には医療・福祉・教育制度や資源，人的条件等が含まれており，これらのありようを変容させることが障害者の自立や社会参加にとっての障壁を除去することにつながるという発想は，まさに現代の障害者観と合致したモデルであると考えられる。そのため，今日の特別支援教育を実践する学校現場では，後述する「個別の教育支援計画」を策定する際等に，ICFの考え方や見方が積極的に取り入れられるようになってきている。

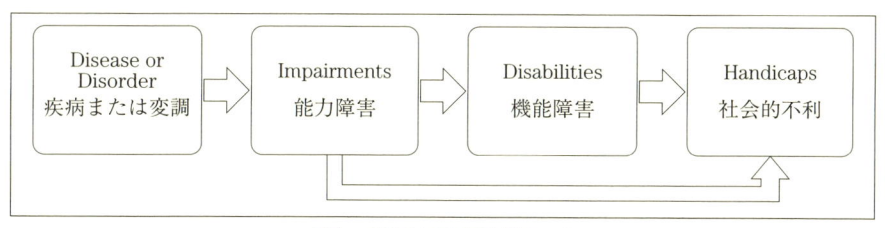

図1　ICIDHのモデル図(1980)

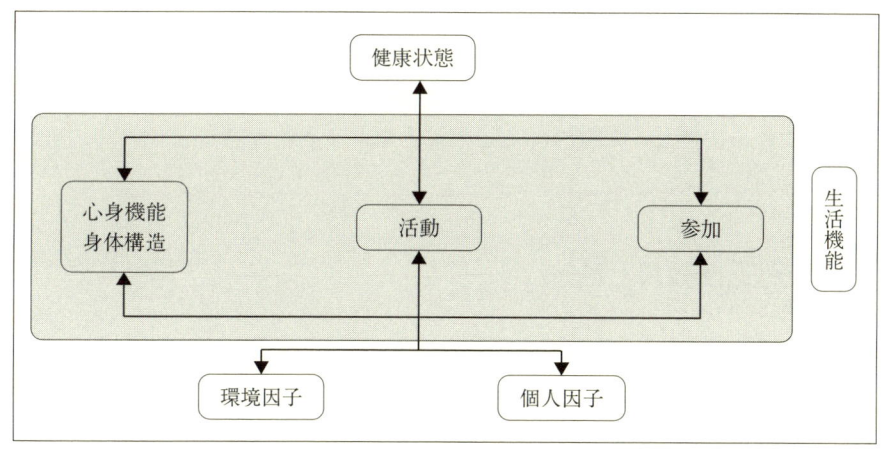

図2　ICFのモデル図(2001)

(3) ノーマライゼーションとインクルージョン

　障害児者の通常の地域・社会生活の実現を目指す "ノーマライゼーション" の理念は1950年代の北欧が発祥といわれ，1981（昭和56）年の「国連障害者年」，1983（昭和58）年から1992（平成4）年までの「国連障害者の10年」といった国連の取り組みを通じて，国際的に広く知れ渡るようになった。さらに，翌1993（平成5）年には「障害者の機会均等化に関する標準規則」が採択され，障害のある人が他の人々と同じ権利と義務を行使できることを確保することや，そのために実施すべき，福祉，教育，雇用等での障害者施策の標準的な指針が示されたことで，わが国の障害者施策にも取り入れられていった。

今日，このノーマライゼーションの考え方は教育及び福祉の領域において，"インクルージョン"の理念へと発展してきている。"インクルージョン inclusion"とは，"exclusion 排除"の対極にある考え方であり，「包摂」といった訳語があてられる。本来的には，人種，宗教，価値観や障害の有無等，互いの違いを認め合う多様性（diversity）がこの理念の根幹をなしているが，わが国では，このような考え方を「共生」と呼び，このような理念を具現化した社会「共生社会」の実現が目指されているところである。また，2006（平成18）年に国連で採択された「障害者の権利に関する条約」第24条では，教育の項に「インクルーシブ教育システム」という言葉が記されており，学校教育においては，これを根拠に「障害のある子どもとない子どもが共に学ぶための仕組み」を構築している途上にある。

2．特別支援教育とは

　まずは「特別支援教育」を理解する前に，「特殊教育」とはどのようなものかを概観し，特別支援教育との違いについて整理してみよう。

(1) 特殊教育とは

　「特殊教育」とは，特別支援教育が始まる以前に障害のある子どもに対して行われていた教育のことであり，「障害のある幼児児童生徒が，自立し社会参加する資質を培うため，一人一人の障害の種類や程度に応じて，盲学校・聾学校・養護学校（幼稚部・小学部・中学部・高等部）ならびに小・中学校の特殊学級及び通級による指導において行われた，手厚くきめ細かな教育を指す」ものであった。これを一言でまとめると，「盲・聾・養護学校，特殊学級などの『特別な場』において，障害の種類・程度に応じた適切な教育を行うという考えに基づいていた教育」のことだといえるだろう。ここでいう「特別の場」とは，主に「特別支援学校（旧・盲聾養護学校）」「特別支援学級（旧・特殊学級）」「通級による指導」の３つの場のことを指している。

(2)　3つの「特別な指導の場」

　「特別支援学校」とは，旧盲・聾・養護学校の総称であり，視覚障害，聴覚障害，知的障害，肢体不自由，病弱虚弱の5つの障害種に対応した学校のことで，3つの場の中では，特別支援のニーズが最も高い児童生徒を対象として設置されている。特殊教育体制下では，盲学校，聾学校，養護学校という名称とともに，対象とする障害種も特定（例えば，肢体不自由養護学校等）されていたが，特別支援学校は単なる名称変更ではなく，総合支援学校化が制度上は可能となり，複数障害種を対象とした学校設置も可能となっている点が大きな違いである。

　「特別支援学級」は旧特殊学級のことで，特別支援学校に通う児童生徒よりも，特別支援のニーズが特別支援学校在籍の児童生徒よりも高くないものを対象とした学級であり，児童生徒の学籍は特別支援学級に置かれている。ただ，特別支援教育の体制下では「交流及び共同学習」という取り組みも積極的に進められており，児童生徒の障害の実態によっては，学籍は特別支援学級にあっても，校内でのほとんどの時間を通常の学級で過ごしている児童生徒がいたり，体育や音楽等の実技教科については通常の学級で他児と共に学び，5教科に関わる授業は特別支援学級で個別に近い指導を受けている児童生徒もいたりして，その実態はさまざまである。

　「通級による指導」は，特別支援学級に在籍している児童生徒よりも，さらに特別支援のニーズが高くないものを対象にしている。学籍は通常の学級に置いたまま，必要な時間だけ特別の場で，個別の指導や小グループでの指導を受けるという形態をとっていることが特徴である。多くの場合，週に1～2時間程度の指導を受けているのが実態で，指導を受ける児童生徒の負担や抵抗は少ないわけだが，クラスメイトからはそうした動きが見えにくいものとなる。また，特別支援学級は多くの学校に設置されているが，通級による指導を行っている通級指導教室が設置されている学校は地域の中でも数が限られており，自分の通う学校内に設置されていない場合には，他の学校に設置されている通級

指導教室に通うことになるため，どの授業時間に通級するのか等を慎重に検討しなければならないといった課題もある。

　特に，通級による指導では，各教科の学習内容を補充するための取り組みよりも，「幼児児童生徒が自立を目指し，障害による学習上又は生活上の困難を主体的に改善・克服するために必要な知識，技能，態度及び習慣を養い，もって心身の調和的発達の基盤を培うこと」を目的とした「自立活動」と呼ばれる取り組みが中心となることが多い。

　特別支援学校，特別支援学級，通級による指導を行う場は，児童生徒の有する支援のニーズに応じて多様な校種・学級が設けられており，図3のように整理される。

　就学や入級にあたって，いずれの「場」を選択する場合にも，障害のある児童生徒一人一人の実態に合わせて，どのような場で指導を受けるのが最も適切であるのかをしっかりと見極めることが重要になるため，必要に応じて，本人・保護者に加えて，医師や臨床心理士等の他職種・他機関の専門家の意見を求めることも必要である。

特別な指導の場

□ **特別支援学校**
- ◆視覚障害教育
- ◆聴覚障害教育
- ◆知的障害教育
- ◆肢体不自由教育
- ◆病弱虚弱教育

□ **特別支援学級**
- ◆弱視
- ◆難聴
- ◆知的障害
- ◆肢体不自由
- ◆病弱・身体虚弱
- ◆言語障害
- ◆自閉症・情緒障害

□ **通級による指導**
- ◆言語障害
- ◆自閉症
- ◆情緒障害
- ◆弱視
- ◆難聴
- ◆学習障害
- ◆注意欠陥多動性障害
- ◆その他（肢体不自由・病弱身体虚弱）

図3　特別な指導の場

(3) 特殊教育から特別支援教育への転換

　特殊教育は「場を分ける」という特徴を有した教育制度を維持しつつ，障害のある子どもの教育において一定の成果をあげていたところではあったが，2001（平成13）年１月に文部科学省は「21世紀の特殊教育の在り方について　～一人一人のニーズに応じた特別な支援の在り方について～　（最終報告）」という答申を出し，「第３章　特別な教育的支援を必要とする児童生徒への対応について」という項で「学習障害児，注意欠陥／多動性障害児，高機能自閉症児等への教育的対応」という一文が記された。いわゆる，「発達障害」への対応が喫緊の課題として認識された現状が示唆されたのである。

　また，2002（平成14）年には同じく文部科学省から「通常の学級に在籍する特別な教育的支援を必要とする児童生徒に関する全国実態調査」の結果が示された。この調査の目的は，「学習障害（LD），注意欠陥／多動性障害（ADHD），高機能自閉症等，通常の学級に在籍する特別な教育的支援を必要とする児童生徒の実態を明らかにし，今後の施策の在り方や教育の在り方の検討の基礎資料とする」とされていたが，その当時は，まだ特殊教育体制下であることを考えると，本来的には，障害のある子どもの教育は３つの特別な指導の場で行われているというのが前提であり，本調査の結果は，現実的にはこれら３つの特別な指導の場ではすくいきれない（つまり，特殊教育の教育制度では十分に対応できていない），障害のある子どもが存在している可能性を国が認識していることを示唆するもので，わが国の教育政策にたいへん大きなインパクトをもたらした。

　この調査結果によって，先ほどあげた３つの「特別な指導の場」だけでなく，小中学校の通常の学級の中にも，学習障害（LD），注意欠陥／多動性障害（ADHD），高機能自閉症等の「知的な発達に遅れはないものの，学習面や行動面で著しい困難を示す」と担任教員が回答した「特別な教育的支援を必要とする児童生徒」が，6.3％程度の割合で在籍していることが明らかとなった。この6.3％という数字を具体的に教室で置き換えてみると，単純計算で100人に6

人程度となるため，一般的な40人程度の学級にあてはめて考えると一学級に1
人から2人程度は，特別な支援を必要としている児童生徒が確実に在籍してい
る計算となるわけである（最初の調査から10年が経ち，平成24年度にも同様の
調査結果が示されたが，その結果では6.5％程度の在籍率であるということが
示された。）こうした教育現場の実情も踏まえて，従来の3つの特別な指導の
場に限らず，通常の学級においても特別支援を必要とする児童生徒に対する教
育をより一層充実することが重要だと認識されるようになったのである。

　翌年の2003（平成15）年3月には，2001（平成13）年から調査研究協力者会議
を設置して検討を重ねた結果として，「今後の特別支援教育の在り方について
（最終報告）」が文部科学省から出されるに至った。この報告で初めて「特別支
援教育」という言葉が用いられるようになり，日本の新しい教育制度の設計図
が示されることとなったのである。

(4) 特別支援教育とは

　先にあげた2003（平成15）年の報告では，「特別支援教育とは，従来の特殊教
育の対象の障害だけでなく，LD，ADHD，高機能自閉症等を含めて，障害の
ある児童生徒の自立や社会参加に向けて，その一人一人の教育的ニーズを把握
して，その持てる力を高め，生活や学習上の困難を改善または克服するために，
適切な教育や指導を通じて必要な支援を行うものである」という，特別支援教
育の基本的な在り方が明示された。特殊教育との大きな違いは，障害のある子
どもの教育を「特別な指導の場」のみで行うのではなく，通常の学校・学級に
おいても，「障害のある児童生徒一人一人の教育的ニーズに応じて適切な教育
的支援を行う」というところにある。

　こうしたパラダイム・シフトを裏づけるものとして，2006（平成18）年6月
には「学校教育法の一部改正」，同年12月には「教育基本法」が制定後初めて
改正され，特別支援教育の推進が法的にも位置づけられることとなった。この
法改正を受けて，翌2007（平成19）年4月には文部科学省初等中等教育局から
「特別支援教育の推進について」という通知が出され，名実ともに日本におい

て特別支援教育がスタートしたのである。

　それまでの特殊教育体制下では，場を分ける一つの根拠として医学的な診断等が重視されてきたわけであるが，特別な教育的ニーズ（Special Education Needs）といった場合には，必ずしも診断名ではなく，児童生徒の「学びにくさ」や「生きにくさ」の改善や克服を重視した支援や指導の展開が期待されており，より広範囲の児童生徒が特別支援教育の対象となる可能性を示唆したものでもあり，かつ児童生徒の学ぶ場に関係なく，そうした支援・指導を行うことが求められている。

　このことを，具体的な数字で見てみよう（図4）。これは文部科学省で示されている「特別支援教育の対象の概念図」（http://www.mext.go.jp/a_menu/shotou/tokubetu/002/1329076.htm）である。この図で示される義務教育段階（小・中学校年齢）にある全児童生徒数は1,009万人であり（平成27年5月現在），このうち，特別支援学校で学んでいる児童生徒の割合は0.69%，約7万人である。同様に，

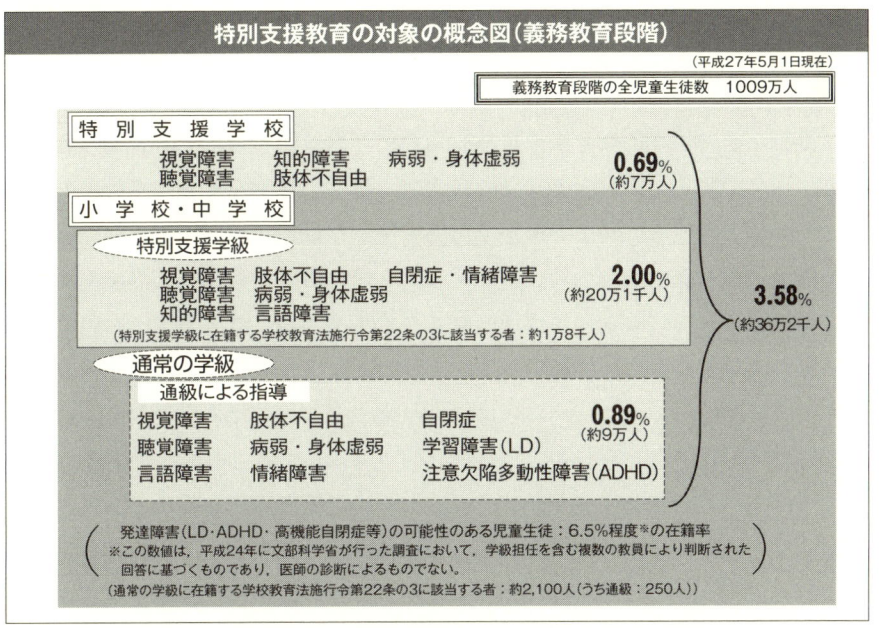

図4　特別支援教育の対象の概念図（文部科学省Webサイトより引用）

特別支援学級で学んでいる児童生徒の割合は2.00％，約20万1千人であり，通級による指導を受けている児童生徒の割合は0.89％，約9万人である。特殊教育の時代であれば，これら3つの特別の指導の場で学ぶ児童生徒である3.58％，約36万2千人が支援・指導の対象となっていたであろう。しかし，特別支援教育では，この3つの特別な場に加えて，通常の学級に在籍している「発達障害のある可能性のある児童生徒」である6.5％程度という数字が含まれてくる。単純な比較だけでも明らかなように，従来の3つの特別な指導の場で教育を受けてきた児童生徒をすべて合わせても3.58％程度だったものと比べて，実際には2倍近い，6.5％程度の児童生徒は通常の学級に在籍していることがわかる。これが「特別支援教育の全体像」ということになり，つまり，特別支援教育のメインステージは，通常の学校及び通常の学級に移っているのだということが明示されたものだと理解できるだろう。

(5) 特別な教育的ニーズ（Special Education Needs）とは

　われわれは日々，新しい知識や経験からの学びを得て自分を成長・発達させている。学校教育では，主として学級集団を一つの単位として，最も効率よく学び得るための標準的な方法や環境設備の在り方に関する知見が蓄積され工夫を重ねられている。それらの知見の成果が，日々の授業を構成していくのである。例えば，学校内は清潔で静かで適温を保った教室環境で構成され，黒板，机と椅子，教科書や筆記用具，補助プリント類等の教材教具，楽器類や運動器具等が用意されていることが標準的なスタイルである。教育方法においては，教員が口頭（音声言語）で指示や説明を行い，文字や絵柄・図表等を板書したりするのが標準的であり，あるいは一斉授業やグループでの学び合い，係活動や部活動等の形態がとられることも標準的である。これらは障害の有無にかかわらず，すべての児童生徒が学びを得るために必要な環境や方法であり，これらが「教育的なニーズ」といわれるものである。ところが，障害のある児童生徒においては，その障害特性によっては，これらの標準的な環境や方法では十分に学びを得ることが難しく，一人一人の特性に合わせた個別の特別な教育的

支援を必要とする。例えば，見えにくさのある児童生徒であれば，席の移動や拡大教科書や点字の教科書が必要であり，きこえにくさのある児童生徒であれば，各種補聴器の使用や手話・字幕による情報保障等である。こうした標準的な方法や環境に合わせて，個々に必要とされる教育的支援のことを「特別な教育的ニーズ」と呼んでいる。一人一人の障害特性や育ちの過程，家庭や地域の環境等，生きにくさや学びにくさを抱えた児童生徒の実態に合わせた，適切な教育的支援を施すことが特別支援教育の基本的理念であり，それゆえに「特別支援教育は教育の原点」だといわれるのである。

3．特別支援教育を推進するための仕組み

　それでは，実際に学校現場で特別支援教育を進めていくために，どのような取り組みが有効なのだろうか。特に現在，最も特別な教育的ニーズを抱えた児童生徒の多い通常の学校で特別支援教育を推進していくための在り方について整理していきたい。

(1) 特別支援教育を支える3本の柱

　先にあげた2003（平成15）年3月の「今後の特別支援教育の在り方について（最終報告）」では，特別支援教育を推進するための基本的な考え方として，以下に示す「特別支援教育を支える3本の柱」の重要性が強調されていた。
　①「個別の教育支援計画」を策定すること
　②「特別支援教育コーディネーター」を配置すること
　③「広域特別支援連携協議会」を設置すること
①「個別の教育支援計画」とは，「障害のある子どもを生涯に渡って支援する観点から，一人一人のニーズを把握して，関係者・機関の連携による適切な教育的支援を効果的に行うために，教育上の指導や支援を内容とする個別の教育支援計画を策定し，実施，評価する」ことが重要であると記されている。これは，幼稚園から小学校，小学校から中学校，中学校から高校といった具

合に，就学や進学の段階で支援内容や支援方法が途切れることなく，一貫して引き継がれていくことを目的としており，たとえてみれば，駅伝のたすきのようなイメージとなるだろう。

②「特別支援教育コーディネーター」とは，「学内，または，福祉・医療等の関係機関との間の連絡調整役として，あるいは，保護者に対する学校の窓口の役割を担う者として学校に置くことにより，教育的支援を行う人」のことであり，「機関との連携協力の強化が重要」であると記されている。特に，小中学校よりも特別支援学校に配置されているコーディネーターにおいては，その役割が拡大されており，「特別支援学校が地域の特別支援教育のセンター的機能を担う」ために，巡回相談のようなかたちで地域の小中学校へ実際に出向いていき，指導助言等の支援を行うことも期待されている。そのため，コーディネーターには多様な資質・能力が求められるのだが，大別すると，以下の6つということになる。すなわち，(i)コーディネーションの力，(ii)コンサルテーションの力，(iii)ファシリテーションの力，(iv)ネットワーキングの力，(v)カウンセリングの力，(vi)アセスメントの力である。しかし，これらすべての資質・能力を一人の教員が備えていることは稀であり，コーディネーター指名後に人材の育成を行うにしても長期にわたる研修等が必要となってしまう。そこで重要となるのは，コーディネーターに不足している部分については，校内の他の教職員や校内外の他職種の専門家等の力を導入するための各種調整であり，これこそがコーディネーターに最も期待されている役割であるといえるだろう。

③「広域特別支援連携協議会」とは，「地域における総合的な教育的支援のために有効な教育，福祉，医療等の関係機関の連携協力を確保するための仕組みで，都道府県行政レベルで部局横断型の組織を設け，各地域の連携協力体制を支援すること等が考えられる」と述べられている。

　これら①〜③の仕組みを一言でまとめれば，「チームワークとネットワークによる教育・支援」であるという点に特徴がある。つまり，従来の学校体制のように，担任や学校の関係者が一人だけで当該の子どもの問題を抱えるのでは

なく，学校内の特別支援教育コーディネーターを中心とした全校体制のもとで，障害のある子どもの教育を一生涯にわたる長い目で見渡し，かつ地域資源の支援者等と一体になって必要な支援を一貫して継続していこうという考え方が根幹を成しているということである。

(2) 小・中学校等における特別支援教育の推進

特殊教育の時代には，障害のある子どもは「場を分ける」という考え方に基づいていたため，通常の学校及び学級では，障害のある子どもへの支援のノウハウが十分に備わっていなかった。そこで，必要となるのが「校内支援体制」と呼ばれる，担任まかせではなく全校的に取り組むための協力体制を構築することである。この校内支援体制の構築に際しては，校内外の支援ネットワークを張りめぐらせるための「支援システム」を意識しながら構築されることが望ましい。

支援システムは概括すると，以下の7つの柱で構成されている。

① 校内委員会の設置
② 特別支援教育コーディネーターの役割発揮
③ 専門家チーム，巡回相談の活用
④ 個別の指導計画，個別の教育支援計画の作成
⑤ 事例検討会議の開催
⑥ 特別支援学級の弾力的な運用
⑦ 特別支援教育支援員の活用

① 校内委員会においては，管理職をはじめ，各学年や学部の代表者，養護教諭等のメンバーから構成される，特別支援教育に関する委員会体制を敷いて，全校協力体制の土台を形成すること，例えば，校内の特別な教育的ニーズをもつ児童生徒の実態を把握すること，個別の指導計画や教育支援計画の作成の中心となること，全校教職員の共通理解を図るための理解啓発を行うこと，校内研修等を企画・実施すること等の役割を担うことが期待されている。

② 特別支援教育コーディネーターは，先にもあげたとおりであるが，校内外

の連携の要となる役割を担っており，校内委員会の開催や個別の教育支援計画の作成をはじめ，各方面にわたって教職員の協力体制を構築する上で不可欠な存在となっている。特に，近年では，特別支援学級の担当教員をコーディネーターに指名している学校も多く，通常の学級を担当する教職員からの相談を受ける等，校内の特別支援教育を推進する中心的存在として広く認知されつつある。

③　専門家チームは，都道府県あるいは市町村教育委員会に設置されていて，医療・心理・福祉等の専門家で構成されている。小中学校の支援要請によって派遣され，専門的な見地から指導助言を行い，学校や校内委員会を外部から支援する役割を担っている。同様に，巡回相談においても，教育委員会から専門の巡回相談員が派遣され，直接，児童生徒の授業や生活の様子を観察したり，必要に応じてアセスメント等を行ったりして，学級担任や校内委員会に助言等を行う役割を担っている。一般的には，専門家チームは教育以外の専門性をもつ専門家で構成されていて，巡回相談は特別支援学校の教員や教員経験者等が務めていることが多いように思われる。

④　個別の指導計画は，特別な教育的支援を必要とする児童生徒一人一人に具体的な支援の内容を計画し，記述したものである（これは欧米における「IEP：Individualized Education Program，個別教育計画」に対応するものである）。個別の教育支援計画が一生涯を見渡した長期的な計画であり，かつ他機関・他職種との協働で策定されるのに対して，個別の指導計画では，比較的短期の計画作成であり，学年あるいは学期等のスパンで指導の方向性を検討していくものである。これらの計画は，策定・作成することに意味があるのではなく，一人一人の子どもにどのような支援が適切であるのかを見立て，実際に実施した上での評価と改善を繰り返し，将来的な自立と社会参加に必要な素養と能力を培うのに最適な支援の方法を引き継ぎ，支援を積み重ねていくために不可欠な道具となり得るものである。

⑤　事例検討会議の開催は，複数人の眼で児童生徒の実態を多面的に捉えること，児童生徒等の課題について校内で共通理解をすること，具体的な支援の

アイディアを出し合うこと等が目的となっている。児童生徒の理解にあたっては，支援の困難な事例ほど，主治医やカウンセラー等の関係する校内外の専門家を招いて多方面から検討を加えることも重要となってくる。教員にはない視点を呈示されることで，行き詰まっていた支援が大きく前進することも少なくない。また，困難事例に真摯に向き合うことで教職員の精神的なストレスは過剰となり，バーンアウトしてしまう危険性が高くなる。そうした危険性を回避したり予防したりするためのエンパワメントの場として，事例検討会議を活用することも重要だろう。

⑥　特別支援学級の弾力的な運用は，特別支援学級に在籍している児童生徒は「交流及び共同学習」を通じて通常の学級で学ぶ機会を増やすことで，特別支援学級の担任と通常の学級の担任との連携を密接にし，校内の情報流通と情報共有を促し，場を分けた閉鎖的な特別支援学級から脱却することを目指す必要がある。時には，特別支援学級が通常の学級に在籍している発達障害等のある児童生徒の指導に関する指導・助言や教材教具に関する情報提供を行うことも可能である。また，特別支援学級に在籍している児童生徒であっても，やはり全校の校内教職員で育んでいく必要のある児童生徒であるという認識を広げることも重要だろう。

⑦　特別支援教育支援員の活用は，自治体によっては「介助員」「学習支援員」等の名称があるもので，特に専門家ではないが，担任教諭等を助ける立場で校内や教室のマンパワー不足を解消するために積極的に進められている取り組みである。教育の専門家ではないため，授業を受けもつことはないが，授業中に他児と同じペースで学習が進まない児童生徒や集中力が途切れがちな児童生徒に，個別の声掛けを行ったり，クラスメイトとの人間関係を橋渡ししたり，身体的な面での介助を行ったりする等の役割が期待されている。40人学級で担任一人の場合には，教室を飛び出してしまう児童生徒や立ち歩きの多い児童生徒に注意を促すことをしていると，授業や集団活動が成り立たなくなってしまうため，こうした個別的な関わりができる支援員の存在は，非専門家とはいえ，たいへん大きなものとなっている。また，支援員のほか

にも，学習ボランティアや学生ボランティア等を校内に積極的に導入することで，通常の学級内での支援を充実する取り組みも増えてきている。

これら①〜⑦のような各レベルでの支援をそれぞれ充実させていくことによって，小・中学校の支援体制がネットワークとして機能することになり，チームワークとネットワークの支援が特別支援の必要がある児童生徒一人一人に行き渡ることも可能になると考えられている。

4．共生社会に向けた「インクルーシブ教育システムの構築」へ

学校教育現場から日本の国という少し大きな枠組みに視点を移すと，2007（平成19）年に署名し関連法の整備を進めてきた「障害者の権利に関する条約」が2014（平成26）年1月に批准され，翌2月から効力を発するようになった。こうした動きと連動して，教育分野では，文部科学省から2012（平成24）年7月に「共生社会の形成に向けたインクルーシブ教育システム構築のための特別支援教育の推進」という報告が出された。

(1) インクルーシブ教育システムの構築

2012（平成24）年の報告では，特別支援教育体制を基礎としつつ，障害のある人も障害のない人も共に生きる多様性を重視した「共生社会」の形成のために，さらに一歩進んだ「インクルーシブ教育システムの構築」を目指した具体的な取り組みがいくつか提言されている。特に，「合理的配慮」や「多様な学びの場」といった言葉がキーワードとなっており，一人一人の教育的ニーズに応えるためには必要となってくる制度的な課題に取り組む視座が示された。「障害のある者とない者が共に学ぶ仕組み」がインクルーシブ教育システムであると定義されたことで，今後はますます「指導の場を分ける」という発想からの教職員の意識的なシフトが求められている。

共に学ぶための課題として浮上してきたのが「合理的配慮」の問題である。合理的な「配慮」と「特別扱い」との線引きは難しく，各自治体の教育委員会

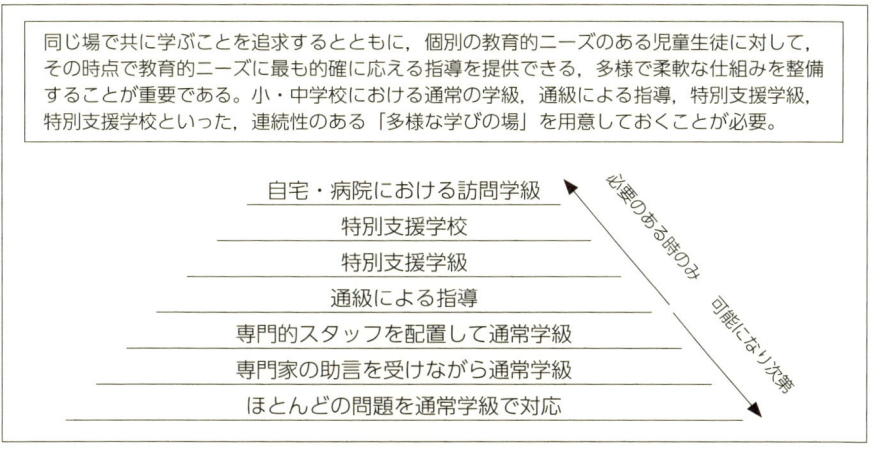

同じ場で共に学ぶことを追求するとともに，個別の教育的ニーズのある児童生徒に対して，その時点で教育的ニーズに最も的確に応える指導を提供できる，多様で柔軟な仕組みを整備することが重要である。小・中学校における通常の学級，通級による指導，特別支援学級，特別支援学校といった，連続性のある「多様な学びの場」を用意しておくことが必要。

自宅・病院における訪問学級

特別支援学校

特別支援学級

通級による指導

専門的スタッフを配置して通常学級

専門家の助言を受けながら通常学級

ほとんどの問題を通常学級で対応

必要のある時のみ　可能になり次第

図5　多様な学びの場の連続性（文部科学省Webサイトより引用）

や各学校現場では，その在り方を模索している最中である。一例をあげてみよう。見えにくさをもっている児童生徒が眼鏡やコンタクトレンズを使用することを特別扱いだと非難する者はないが，読み書きに障害のある児童生徒が，黒板に板書された文字や図表をデジタルカメラ等で撮ってノートを取る行為の代替とする場合，おそらく多くの通常の学級では，「ズルい」「なんであの子だけ？」という声がクラスメイトからあがるだろうし，もしかしたら，教職員の方がそうした配慮の必要性を認めない可能性もある。同じ事例でも，読み書き障害という診断が医師等によってなされている場合であれば，配慮の必要性に対する根拠も明確だが，通常の学級で支援ニーズをもっている多くの児童生徒は診断を受けていないことが多い。こうした例で考えても，実際には「合理的配慮」を行うことがいかに困難なものか容易に想像がつくだろう。

　「多様な学びの場」とは，小・中学校における通常の学級，通級による指導，特別支援学級，特別支援学校といった各種の教育の場を，連続性のある「多様な学びの場」として位置づけたものである。いわゆるインクルージョンを目指して，場を分けずに同じ場で学ぶことも指向しつつも，児童生徒の障害の程度や実態によっては，適宜，こうした多様な場を活用することで柔軟に指導や支

援を提供できる仕組みも担保しておくことが重要であることが明示されている（図5）。

(2) 就学先を決定する新たな仕組み

　さらに，2013（平成25）年9月には「学校教育法施行令の一部改正について（通知）」という通知が出され，それを受けるかたちで，翌10月には「教育支援資料　〜障害のある子供の就学手続きと早期からの一貫した支援の充実〜」という解説が出された。これは，先にあげた「共生社会の形成に向けたインクルーシブ教育システムの構築のための特別支援教育の推進」から一歩踏み込んで，就学先決定の仕組みが一部改められた。具体的には「就学基準に該当する障害のある児童生徒等は，原則特別支援学校に就学するという従来の仕組みを改め，障害の状態等を踏まえた総合的な観点から就学先を決定する仕組みへの改正」であることが明記されている。これにより，小・中学校での一層のインクルージョンが進むことも予想されるが，そうしたインクルージョンが障害のある子どもとない子どもの双方の利益となるためには，先もあげた「合理的配慮」の問題等が事例ごとに検討されなければならない。ただ場を同じにすること，同じ屋根の下で学ぶことを推し進めても共生には至らないし，かえって対立が深まってしまう危険性もある。法制度的な設計が先に進んでいて，教育現場の教職員や児童生徒の意識が追いついていない現状がある中では，具体的な事例をもとにした，合理的配慮の在り方や共生の在り方に関する検討を可能とする多くの知見の蓄積が待たれているところである。

5．学習指導要領等の改訂について

(1) 学習指導要領等の改訂の方向性

　2014（平成26）年11月に文部科学大臣から中央教育審議会に対して，「初等中等教育における教育課程の基準等の在り方について審議」するよう諮問がなさ

れた。これを受けて，中教審の特別支援教育部会では，特別支援教育において
2つのテーマで審議が積み重ねられた。具体的には，①インクルーシブ教育シ
ステムの理念を踏まえ，すべての学校において特別支援教育を進めるためどの
ような見直しが必要か，②その際，特別支援学校については，小・中・高等学
校等に準じた改善を図るとともに，自立活動の充実や知的障害のある児童生徒
のための各教科の改善についてどう考えるべきか，の2点である。

　これら2つのテーマに基づいて審議が重ねられた結果，特別支援教育部会か
ら以下の4つのポイントが示されて，新学習指導要領改訂の方向性が定められ
た。4つのポイントは以下である。

①小中学校等の通常の学級にも，発達障害を含む障害のある子どもが在籍して
　いることを前提に，すべての教科等において，障害種別の指導の工夫のみなら
　ず，困難さに対する指導の工夫の意図，手立ての例を具体的に示すこと
②通級による指導を受ける子ども，特別支援学級に在籍する子どもについては，
　個別の教育支援計画や個別の指導計画を全員作成すること
③地域社会の中での交流及び共同学習の推進を図ること
④特別支援学校においては，特に，知的障害である子どもに対する教育課程と
　して，小学校等の各教科の目標や内容との連続性・関連性を整理すること，
　各部間での系統性のある内容を設定すること，中学部については第二段階を
　設けること，特に必要がある場合には，個別の指導計画に基づき，当該学部
　に相当する学校段階までの小学校等の学習指導要領の各教科の目標・内容等
　を参考に指導できるようにすること

　以上のようなポイントを踏まえつつ，学校種を超えて「何を学ぶか」「どの
ように学ぶか」「何ができるようになるか」といった視点を明確にしていくこ
とが求められている。4つのポイントに示されたことでは，特に小中学校等の
通常の学校・学級において，障害のある児童生徒に対する指導の工夫や手立て
を具体的に示すことや，個別の教育支援計画や個別の指導計画を作成すること
が明記されるようになったことには大きな意義があるだろう。また，特別支援
学校においても，特に知的障害のある児童生徒の教育を「学びの連続性」を確

保する観点から教育課程の連続性や関連性の問題が取り上げられたことが，現行の学習指導要領からの主要な改訂のポイントとなっている。

(2) 特別支援学校の教育課程への新学習指導要領の導入

　平成29年4月に「特別支援学校小学部・中学部学習指導要領」（以下，新学習指導要領と表記）が公示され，今後，平成32年度から小学校での新学習指導要領の導入されることと足並みを揃えていくこととなった。それに伴い，特別支援学校においても，新学習指導要領改訂のポイントである「社会に開かれた教育課程」「育成を目指す資質・能力」「主体的・対話的な深い学び」「カリキュラム・マネジメント」といった考え方が特別支援学校等に導入されることになる。

　また，特別支援学校においては，障害のある児童生徒の学びの場の柔軟な選択を踏まえ，「幼稚園，小・中・高等学校との教育課程の連続性を重視すること」が要点としてあげられている。学びの場の連続性を重視する視点から，特別支援学校の新学習指導要領では，知的障害教育における各教科等の目標・内容等については，育成を目指す3つの柱に基づく整理が求められ，その際，各部や各段階，幼稚園や小・中学校とのつながりに留意することが指摘されている。

　こうした考え方を踏まえて，新学習指導要領では，幼・小・中・高・特別支援学校の学校種を超えた一貫した考え方として，「何ができるようになるか」という視点を明確に示す必要性が強調されている。そのために「育成すべき資質・能力」を3つの柱を整理し，それらは次のように示されている。

① 「生きて働く知識・技能」（何を理解しているか，何ができるか）
② 「未知の状況に対応できる思考力・判断力・表現力」（理解していること・できることをどう使うか）
③ 「学びを人生や社会に活かそうとする学びに向かう力・人間性」（どのように社会・世界と関わり，よりよい人生を送るか）

　当然，障害のある児童生徒にもこれらの資質・能力を涵養していくことが求められており，具体的にどのような教育課程を編成していくか，各学校現場の

創意工夫に期待がかかっている。

　こうした教育課程編成のためには，「何を学ぶか」「どのように学ぶか」という視点を明確にすることも重要であるが，一人一人の障害の実態が多様である特別支援学校では，個々の児童生徒の実態の違いに合わせた指導を追究すればするほど，学校全体の教育目標や教育課程とズレを生じる傾向がある。そのため，新学習指導要領で示された「カリキュラム・マネジメント」という考え方が，教育課程編成の重要な手掛かりとなるだろう。

　カリキュラム・マネジメントとは「各学校においては，児童又は生徒や学校，地域の実態を適切に把握し，教育の目的や目標の実現に必要な教育の内容等を教科等横断的な視点で組み立てていくこと，教育課程の実施状況を評価してその改善を図っていくこと，教育課程の実施に必要な人的又は物的な体制を確保するとともにその改善を図っていくことなどを通して，教育的に基づき組織的かつ計画的に各学校教育活動の質の向上を図っていくこと（以下「カリキュラム・マネジメント」という。）に努めるものとする」と定義されている。こうした考え方を踏まえて，まずは学校全体の教育目標や教育課程を作り上げ，それに則って，個々の児童生徒に対する指導実践を意識していくことが求められている。つまり，教員個々人の指導実践が学校の教育目標にどうつながっているのか，ひいてはその先にある新学習指導要領とどうつながっているのかを意識して，カリキュラム・マネジメントを組織的かつ計画的に実施していく必要があるということである。そこで，こうしたカリキュラム・マネジメントの観点から，「PDCAサイクル」による授業改善の重要性が強調されている。個々の教育実践（毎回の授業や単元等）でのPDCAサイクルは学校現場においても定着しつつあるが，それらが学校の教育目標とどのように結びついていて，学校全体の教育目標や教育課程のPDCAサイクルと連動させていくことが求められている。

　これに加えて，「主体的・対話的で深い学び（アクティブラーニング）」の視点からは，学習過程の質的改善が求められている。「主体的な学び」「対話的な学び」「深い学び」の３つの視点に立った授業改善を行い，教育における質の高い学びを実現すること，学習内容を深く理解すること等が目指されている。

特に「深い学び」においては，各教科等の特質に応じた「見方・考え方」が整理され，学びを深めるための指導の在り方や学習環境の設定を意識していくことが求められている。

　さらに，「社会に開かれた教育課程」という理念が新学習指導要領では掲げられており，保護者のニーズや時代とともに変化していく地域社会の意見や要望等も把握して，教育課程に反映していくこと等も求められている。

〈参考・引用文献〉

宍戸和成（2017）「特別支援教育部会の審議の概要」『特別支援教育研究』No.715，東洋館出版社

独立行政法人 国立特別支援教育総合研究所編著（2007）「学校コンサルテーションを進めるためのガイドブック」ジアース教育新社

独立行政法人 国立特別支援教育総合研究所 教育相談情報提供システムWebサイト
　http://forum.nise.go.jp/soudan-db/htdocs/（アクセス日，2017-10-18）

明官茂（2017）「学習指導要領改訂の方向性とこれからの取り組み」『月刊実践障害児教育』8月号，Gakken

文部科学省 21世紀の特殊教育の在り方に関する調査研究協力者会議（2001年1月）「21世紀の特殊教育の在り方について ～一人一人のニーズに応じた特別な支援の在り方について～（最終報告）」

文部科学省 特別支援教育の在り方に関する調査研究協力者会議（2003年3月）「今後の特別支援教育の在り方について（最終報告）」

文部科学省 初等中等教育局特別支援教育課（2002年2月）「通常の学級に在籍する発達障害の可能性のある特別な教育的支援を必要とする児童生徒に関する調査結果」

文部科学省 初等中等教育局長第125号通知（2007年4月）「特別支援教育の推進について（通知）」

文部科学省 初等中等教育分科会（2012年7月）「共生社会の形成に向けたインクルーシブ教育システム構築のための特別支援教育の推進（報告）」

文部科学省（2012年12月）「通常の学級に在籍する発達障害の可能性のある特別な教育的支援を必要とする児童生徒に関する調査結果について」

文部科学省 文部科学事務次官第655号通知（2013年9月）「学校教育法施行令の一部改正について（通知）」

文部科学省（2013年10月）「教育支援資料 ～障害のある子供の就学手続きと早期からの一貫した支援の充実～」

II　特別支援教育の実際

2章

視覚障害児の理解と支援

1. 視覚障害とは

(1) 学校教育における視覚障害

　視覚障害とは簡単にいえば，「見えない」「見えにくい」ことといえる。そうした子どものうち，視覚障害を専門とする特別支援学校（盲学校）で学ぶ対象となる児童生徒は，「両眼の視力がおおむね0.3未満のもの又は視力以外の視機能障害が高度のもののうち，拡大鏡等の使用によっても通常の文字，図形等の視覚による認識が不可能又は著しく困難な程度のもの」（学校教育法施行令第22条3）である。また，小中学校等の特別支援学級（弱視学級）で学ぶ対象となる視覚障害児は，「拡大鏡等の使用によっても通常の文字，図形等の視覚による認識が困難な程度のもの」であり，さらにその中で，「通常の学級での学習におおむね参加でき，一部特別な指導を必要とするもの」が通級による指導を受ける対象になる（平成25年10月4日付，25文科初第756号初等中等局長通知）。その基準に該当すれば自動的に学びの場が決まるのではなく，市町村の教育委員会が「その者の障害の状態，その者の教育上必要な支援の内容，地域における教育の体制の整備の状況その他の事情を勘案して」判断することになる。それ以外の視覚障害児は通常の学級で学ぶことになる。

　視覚障害教育においては，「盲児」，「弱視児」という表現を用いる。「盲」と「弱視」とは，「見えない」と「見えにくい」の違いとされることが多いが，その境目は明確に定められているわけではない。非常に視力が低くても補助具を活用して視覚で学習することが可能な者もいる。また，同じ視力でも視覚を活

用できる程度に違いがあることもある。それゆえ，教育方法や学習手段の違いに基づいて，主に触覚や聴覚等の視覚以外の感覚を活用し，点字等を使って学ぶ子どもに対して「盲児」，主に視覚を活用して学ぶ子どもに対して「弱視児」，それらを含めた視覚障害教育の対象である子どもに対して「視覚障害児」を用いることが多い。

(2) 見えにくさの程度

　先に「視力がおおむね0.3未満」との記述があったが，それはどの程度の見え方なのであろうか。視力1.0とは，角度1分（1度の60分の1）のランドルト環（視力検査で用いる切れ目のある環）まで認識できる眼の能力を示している。この1.0という値は，角度の逆数（1÷角度）から算出される。この式に従うと，視力0.3は約3.3分（0.3≒1÷3.3）の切れ目まで認識できることを意味するので，視力0.3の人は，視力1.0の人と比べて，切れ目の大きさを角度にして3.3倍に拡大しないと見えない見え方であることを意味する。小数で表される視力の数値は，このようにして見え方を表している。この方法で測定できない場合，指を何本か立てて見せ，その数がわかるか（指数弁），眼前で手を振り，それがわかるか（手動弁），光の有無がわかるか（光覚弁）といった方法で見え方を把握し，表す。このように，「見えにくい」といってもその見え方の程度は一律ではなく，視覚障害児一人一人がさまざまな見え方をしている。

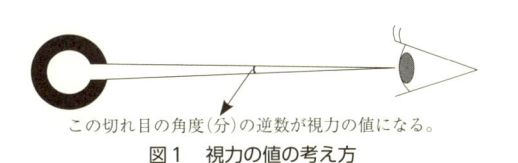

この切れ目の角度（分）の逆数が視力の値になる。
図1　視力の値の考え方

2．視覚障害教育の実際

(1) 学びの場

　視覚障害児の学びの場は，これまでに述べられているように，特別支援学校，弱視学級，通級による指導，通常の学級のいずれかである。そのうち，視覚障

害児を対象とした特別支援学校は，以前は盲学校という名称であったが，現在は特別支援学校，視覚特別支援学校，特別支援学校（視覚），盲学校等の名称になっている。視覚特別支援学校（盲学校）には，鍼，灸，あんま・マッサージ・指圧等の職業教育を行う専攻科も設置してあることが多い。このように職業教育まで含んだ学校であることは，小中学校等との大きな違いの一つである。

　さらに視覚特別支援学校（盲学校）では，地域の諸学校に在籍する視覚障害児の支援や，保護者等への相談活動，地域の視覚障害乳幼児や成人視覚障害者の支援等の活動が行われている。このように，単に自校に在籍する児童生徒の教育を行うだけでなく，他校や地域の視覚障害児者の支援センターとしての役割も果たしている。

(2) 学ぶ道具

　視覚障害児が学ぶ際には，必要に応じて，見えない，見えにくい状態に対応した教材・教具を用いる。また，指導法も視覚障害に対応した方法を用いることが必要である。

①　点字と点字教科書

　点字は触って読む文字であり，近年では国語等の教科書で取り上げられ，さまざまなものに点字表記が付けられることが多くなってきており，これまでに一度は目にしているであろう。点字教科書はその名のとおり，点字で学ぶ児童生徒が用いる教科書で，内容は一般の教科書と同じである。ただし，全く同じということではなく，見てわかるように作られている部分を触ってわかる表現に置き換える等，さまざまな工夫・配慮がなされている。

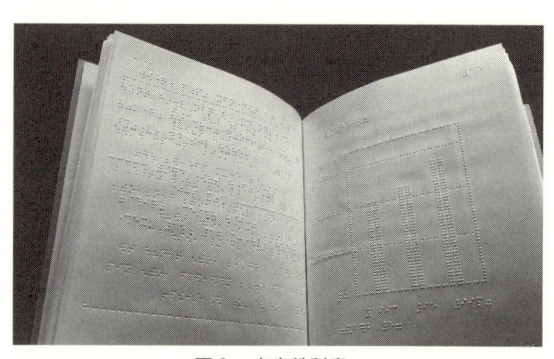

図2　点字教科書

②　拡大教科書

　一般の教科書では文字サイズが小さくて読むことが困難な児童生徒が用いる教科書で，平成29年度の時点で，義務教育段階の教科書については，18ポイント，22ポイント，26ポイント程度の3段階の文字サイズの拡大教科書が用意されている。単純に拡大しているのではなく，レイアウトを変更して学びやすくなるよう工夫が施されている。

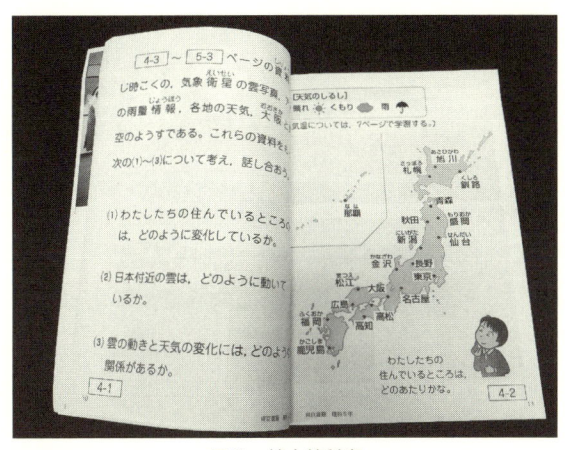

図3　拡大教科書

③　そろばん

　点字では筆算で計算することができないため，そろばんを使う。しかし一般的なそろばんは，ちょっとした振動で珠が動いてしまう

図4　視覚障害者用そろばん

ため，視覚障害児には扱いずらい。そこで，視覚障害児用のそろばんでは，通常の珠を上下に移動させるのではなく，板状の珠を上下に倒すようになっている。

④　弱視レンズ・拡大読書器

　拡大教科書のように見る対象の方が拡大される場合もあるが，日常生活においては拡大されていないものが大半である。そのため，自分で拡大する道具が必要になる。弱視レンズは，弱視児者がレンズを使って拡大する道具全般を意味する。虫眼鏡やルーペから望遠鏡まで，弱視者が用いていれば弱視レンズである。一般的には，手持ち型の近用弱視レンズ（ルーペ），片目で見る遠用弱視

レンズ（単眼鏡）がよく使われている。一方，画面上に拡大して表示する装置が拡大読書器である。机の上に設置して使用する卓上型や，小型の携帯型等，さまざまな機種がある。近年は

図5　近用弱視レンズ

タブレット端末等のICT機器の活用も増えている。このような拡大する補助具にはさまざまなものがあり，それぞれ見え方使い方に差異があるため，自分に適した補助具を選定することが大切である。

図6　遠用弱視レンズ

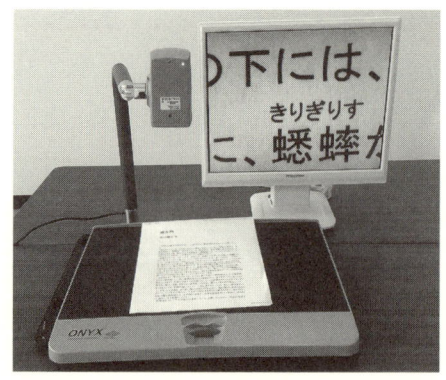

図7　拡大読書器

3．覚えておきたい視覚障害児の発達を促す主な教育課題

(1) 乳幼児期からの早期支援の重要性

①　無理やり触らせても子どもの心には何も残らない

　視覚障害は，多くの情報の取り入れ口である視知覚の障害ということから「情報障害」ともいわれている。また，適切な支援が不十分なまま放置されると発達に遅れがみられることもある。とりわけ目で見て模倣ができない視覚障

害児にとっては，乳幼児期からの支援が大切となる。視知覚刺激がきっかけとなる発達が人には多くあるからである。形や顔の認識，視線追従や模倣等の困難はともすれば外界への興味づけを弱める方向で影響する。これらができない全盲乳幼児には，だからこそ，人との関わりや物のやり取り等，気もちの入った共感を伴う関わりの発達を重視し，視知覚以外の刺激による適切な支援アプローチがきわめて大切となる。このような早期教育において大切なことは，話を聞いて理解し言葉で思いを伝える能力，保有視力や触る力を駆使して物事の仕組みを知っていく能力，人や物といった外界への興味・感心を高め，関わりへの意欲や移動する能力を育てることである。しかし，いくらこれらの力をつけたいからといって，言葉だけの無理やりの教え込みや子どもの手を取っての無理やりの触らせ方，手を引っぱっての無理やりの連れ歩き等を決してしてはいけない。子ども自らが「これはどうなっているのだろう」と何回も確かめたくなり，「このまま歩けばきっと，あれに触ることができる」と予測しながら歩けるような，そんな自我の拡大に伴う意欲と目的もある活動がとても大切なのである。視覚特別支援学校の幼稚部や視覚障害乳幼児を受け入れている保育・幼稚園では，見えなくても，見えにくくても，自分の幼い言葉で生活を語り，自分で考え楽しく動き回れる早期教育が追求されてきているのである。

②　「手で物事を考える力」の土台を育てる

　見えない，見えにくい乳幼児の場合，両親や保育者との「人と関わる力」の育ちに着目しながら，玩具や動植物等との「物の世界」とも気もちのやり取りのある活動をどれだけ豊かにしているかがその後の学習につながっていくと考えられる。なぜなら，全盲乳幼児の場合，ともすれば耳から入ってくる音刺激（テレビやDVDで聴く音楽や振って鳴らす玩具等）だけで満足してしまい，生活全体が受け身的になりがちだからである。だからこそ，自ら手を出して物や自然に触れ，形をさぐり，分解したり組み立てたりする

図8　電池交換はぼくにまかせて

31

中で，手で物の仕組みを捉える力の土台である「試行錯誤しながら手で考える力」を育てる必要があるのである。

③　弱視レンズを使ってクッキリした情報量の多い視経験をしっかり脳に刻む

また，少しでも見えている場合は，鮮やかに見えたという経験を豊富にし，保有する視覚の機能を最大限に引き出すような環境を整えることが大切である。乳幼児期には，視知覚に関する脳の回路が集中的に作られる時期がある。その時期に適切な視覚刺激が与えられないと，脳の回路の成熟が困難になる。この逃すことのできない特定の時期のことを「臨界期」と言う。弱視児においては，視覚系の神経回路の成熟の臨界期に，眼球を形成する器官が十分に発達していない場合が多く，適切な時期に適切な視覚刺激を得られないことで，視覚の発達が遅れる危険性があると言える。そこで，このような乳幼児に対しては，視覚を補助するレンズ類等を用いて，クッキリ見える視経験を多く蓄積させてあげる必要がある。「顔を近づけただけでは見えなかった物でも，このレンズがあればいろんなことに気付けた」，「レンズがあれば奥の方まで，遠くの方まで見えた」といった活動が大切なのである。

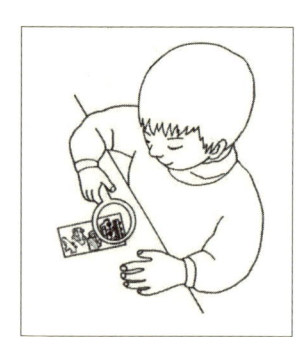

図9　今日はどのシールを貼ろうかな？

(2) 視覚障害教育の根幹をなす「イメージ操作」を高める指導の重要性

①　視覚障害教育に特有な教育課題に共通する育てたい力とは何か

盲児に特有の教育課題としては，点字の読み書きに関するもの，白杖を用いた単独歩行に関するもの，墨字（普通の文字）を音声に置き換えての学習（ICT機器活用も含む）に関するもの等があげられる。また，弱視児においては，見え方についての自己理解に関わるもの，見え方を補助するレンズ等の支援器具の活用に関するもの，墨字を拡大したときの学習効率低減を補う学習法に関するもの等があげられる。このほか，両者に共通なものとして，一人一人の見え方に応じた日常生活動作の確立（身辺自立や食事等のマナー，整理整頓や物の管理等）

に関するもの等があり，これらはいずれも優先度の高い教育課題といえる。

　本章のみにおいて，これらすべての指導の実際について触れることはできない。よって，ここでは，見えにくさの度合いの違いにかかわらずどうしても育てたい，これら教育課題の根幹を貫くともいえる育てたい本質的な力について紹介する。それは，イメージ操作に関する力である。視覚を用いなくても新たな概念を獲得するためにどうしても必要となる力であり，盲児の思考に抽象的操作性を与えるものであり，身体の自由度を広げる空間認知力に関わる重要な力でもある。

②　イメージ操作の力による初期概念形成の過程を考える

　見えない子どもは触ることのできない事物の概念をどのように形成していくのだろうか。イメージを操作する力がそれには大きく関わっている。それはおおよそ次の3段階で幼児期から意図的に指導していきたい力である。

1) 視覚以外の触経験や運動経験から運動イメージを形成する第1段階。例えば，全体を触れられないものの代表として「山」の概念の形成過程をみると，築山のような小山での登り下り，頂上の存在等が，「坂」「登って下りた」「てっぺんで遊んだ」等の言葉とともに身体の中に運動イメージを形成する。盲児の概念形成の第一歩は触経験や運動経験そのものが残す運動イメージ（運動したという感覚の表象）の形成から始まるのである。

2) 形成した運動イメージを外に立体イメージとして取り出す第2段階。小山を登り下りする運動イメージは次に粘土等によって立体のイメージとして取り出さなければならない。「昨日，庭のお山でおにぎり食べたよね。先生ここに粘土でお山を作ったよ。おにぎり食べたのってどの辺だったっけ？」とこれまでの運動イメージといま目の前にある山の立体イメージとが結びついて粘土山によるごっこ遊びへと発展すれば，この盲児は自己の運動イメージを外の立体イメージとして取り出せているといえるのである。

3) 取り出した立体イメージを平面的イメージにまで加工する第3段階。次に粘土の山を輪切りにしたり，押しつぶしたりして平面的なイメージの形成を図る。「上から見たら山は長いまるみたいだね」とか「横にして山を

押しつぶしたら三角にペッチャンコになったよ」といったイメージの平面化（見える子どもにとっての絵）の世界に誘わなければならない。形成したイメージを立体→平面，あるいは平面→立体へと自由に変換・加工（拡大・縮小・変形等）できてこそ，やがては，実際に触経験や運動経験等がなくても，これまで蓄積したイメージの操作により，あたかも見ていたかのような新しいイメージを作り出すことができるようになるのである。

　視覚によるイメージを作れない，あるいは作りにくいのが視覚障害児だからといって，この世の中のものすべてを模型のような触覚教材に置き換えることはできない。霞や虹，炎や波紋等触ることができないものの方が多いともいえる。しかし，学習の進度につれ，その内容は抽象度を増してくる。白地図では山脈は1本の線となる。このことを納得をもって理解できるイメージ操作力を鍛える必要があるのである。これができないと，新たな事柄はすべてそれにまつわる言葉だけを覚え込み，イメージが伴わない空疎な言語表現の状態（verbalism）となっていくのである。

③　イメージの素とは何か

　将来の抽象度の高い学習理解に向けて，指導者にはこのイメージ操作の力を育てていくために常に考えなければならないことがある。それは「今後汎用性をもつ概念とは何か」である。これがイメージの素である。

　車という概念を形成するためにトラックや消防車・クレーン車等それぞれについて逐次丁寧な指導が必要だろうか。車概念の肝，すなわち，ここさえ押さえればあとは頭の中での類推と模型だけで車種のバリエーションをイメージできるという車イメージの素があるはずである。

　例えば，盲児は車をどのようなイメージとして捉え始めるのだろう。お母さんにいつも乗せてもらう子どもにとっては，車のイメージは「お母さんの横に座ってカーステレオを聴くイメージ」と強く結びついているかもしれない。また，エンジンの音，ドアの閉まる音が車のイメージかもしれない。盲児にとって車のイメージは車体の形のイメージからは始まらないのである。車の形を覚えさせようと，筆者は子どもの手を引っぱって車体のまわりを触らせたり，一

まわりしながらタイヤが4つあることを手で確かめさせたりしたが，後で紙箱等によるイメージの再構成をさせてみたときに，タイヤを車体側面に4つ横並びで表現する子どもと複数出会ってきた。

　車として典型的なイメージは，いつも乗せてもらっているような自家用車タイプから育てるのである。では，車というイメージの素として欠かせない条件は何だろうか。それは，車体の形ではなく，「タイヤが左右に2個ずつ4つある」「タイヤは回る」「運転席があり運転手がいる」の3条件でよいと思われる。この3

図10　タイヤの位置のイメージはすぐにはできない！

条件を満たすペダル踏みカー・電動ゴーカートのような自分で運転できる車遊びの活動（運動イメージの形成）と，あわせての車の模型等の組み立てや分解といった活動（立体イメージとしての取り出し）との組み合わせにより車のイメージの形成は進むのである。さらに，横に押しつぶした車にはタイヤは2つしか見えないことや，上から見たらタイヤも窓もないこと等の平面的イメージの世界があることに導いていくのである。こうして，乗用車タイプのイメージとそこで鍛えてきたイメージ操作力は車全体のイメージの素となって，やがては模型だけでも，または言葉の説明だけでもさまざまな車種のリアルな理解をもたらしていくのである。

④　概念語・触経験・運動経験を意図的に導入しつつ形成するイメージの素

　視覚障害児の保育・教育では，園や学校または家庭において伸び伸び育てているかだけを評価していてはいけない。意図的なねらいをもって，意図的に関わらないと育たない言葉や概念，今だからこそ触っておきたいものや全身で感じさせてあげたいこと等が確実にあるのだ。経験量の圧倒的な少なさは自発言語の語彙数の少なさにもつながる。とりわけ，概念やイメージを伴った自発語の数の少なさは発達の遅れをもたらす。

　いつごろ，どのようなイメージをもたせたいか。イメージの素としてふさわ

しい言葉や経験とは何か。あるイメージの獲得期を仮に来年と設定するとした
ら，その獲得に向けて，いつから活動の種まきをするのか，このことが極めて
大切となる。

　イメージの素に関する指導のポイントをまとめると次のようになる。

1) 日常生活をただ繰り返しているだけではつかないイメージを洗い出し，系
　統的に配列し，それらのイメージを含む活動を組織する。
2) 将来，役に立つ汎用性の高いイメージの素となるキーワードを意識的に，
　かつ，獲得期の 1 年ほど前から入れていく。
3) 全盲幼児の思考・発想がわかるように，指導者は，盲児の立場に立ち，耳
　から入る情報や手で感じ取る情報を中心に言葉かけができる力を鍛える。
4) イメージの形成が進んでいるかどうかは，幼児自身のつぶやき語の記録が
　有効である。特に，「…みたいだね」等と，目の前の新しい事象を以前に
　獲得したイメージとのたとえで発語した言葉は必ず記録しておく。

(3) 空間イメージの広がりを支援する指導の実際

① 空間を認知する力の大切さ

　見えない，見えにくい子どもたちのイメージ操作の力の育ちにおいて，空間
を認知するイメージ力がどのように高まってきているかはもう一つの大きなテ
ーマとなる。見えていない空間を把握しない限り，白杖を操作しての単独歩行
はできない。目の前の空間の安全性を信頼してこその移動・歩行なのだ。また，
空間イメージはその拡大・縮小といった柔軟な機能性をもたなければ役立たな
い。点字の触地図を触って感じた距離感覚も実際の歩行では拡大したイメージ
として扱わないといけないし，昆虫の模型を触りながらイメージを縮小させて，
実際には触れることの難しい虫たちの体の仕組みや動きをイメージするのであ
る。

　このように将来の学習や社会自立のための動作獲得にも大きな影響を及ぼす
空間認知の力は，幼児期からの丁寧な段階的指導・支援のもと育てていかなけ
ればならないのである。

②　「右」という方向概念獲得のためのイメージ形成の指導例

　空間認知の基礎は，自己を基準とする前後上下左右といった方向概念形成から始まる。例として，「右」という方向概念を身につけるための指導場面をみてみよう（4歳後半〜5歳の課題）。すでにまっすぐ立った位置から「前に歩いて」とか「後ろに下がって」といった言葉の指示と前後への身体の動きのイメージは一致しているとする。さて，次は「右」をどうやって導入すればいいだろう。方向概念の獲得には，およそ次の2段階での課題が想定できる。

1）［自己身体基準系の学習］

　　多くは「右手」を教えることから始める。ただ，見えない子どもたちの中には「右手」と「右という方向」とを混乱する時期が見られる。つまり，右手でつかんだ物すべてが「右にある」というイメージをもってしまう子がいる。「右」を教えるのに，「右手を横に延ばしてごらん。こっちが右だよ」とするだけでは不十分だ。右とは右手を横に延ばした指先までだと理解している子もいるからだ。右とは，「その右に延ばした方向，触れなくなっても，そちらにもう動けなくなっても，ずっと向こうまでが右だよ。」ということを言葉だけでなく，体の動きとして運動を伴うイメージとして築いていくのである。「もっと右に歩いてごらん」と子どもを横歩きで右に移動させてみる。教室の端まで行っても「もっと右に行ってごらん」と続ける。ドアを抜けて廊下に出ても右に横歩きさせる。もう行けない。窓にぶつかった。でも，「もっと右に行ってごらん」とさらに続けるのである。窓を開けて子どもを窓の外に安全に降ろしてあげて，まだしばらく横歩きをさせるのである。右とは，「ぶつかるからそこで終わり」となる言葉ではないことを運動イメージとともに育てるのが大切なのである。

2）［客観的基準系の学習］

　　同様に，左という方向についても指導しよう。そして，ある程度自由に前後上下左右といった自己身体基準の動きができるようになったら，続いて学習を客観的基準による方向概念形成へと進めるのである。

　　椅子に座る教員が左手側に少し離れているとき，「先生の椅子の右側に

図11　先生！　右に終わりはないの？

立ってください」といった指示に合致した動きができるようにするのである。この場合，自分の身体は左に移動し，教員も自分の左にきているにもかかわらず，椅子に座る教員からみた自分は右に位置していることが納得できていないといけない。次に，身体の外にある基準に従って物を移動させる学習にも触れる。机の上で，「このリンゴの右側にバナナを置いてください」とか，「あなたがいま座っている椅子を先生の椅子の右側にもってきてください」といった学習がそれである。

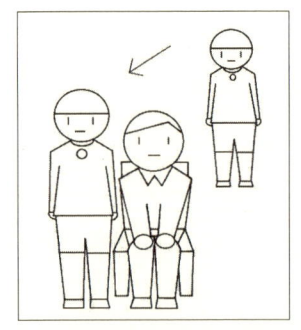
図12-1　客観的基準の右側に身体を移動

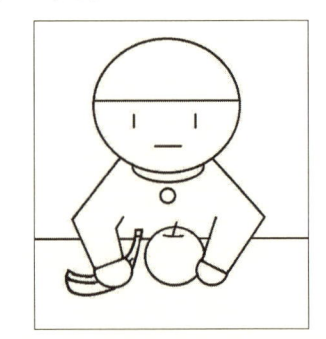
図12-2　客観的基準の右側に物を移動

③　空間イメージの広がりを発達全体で捉える視点

空間認知の力は方向概念の広がりの系だけで培われるものではもちろんない。さまざまな学習の中で総合的に築かれていく。その中でも特に関連が深い領域をまとめると次のようなものがあげられる。

1)移動・歩行能力の広がり

2)探索能力の広がり

3)身を置いている周囲の状況を読み取る力の広がり

4)実際には身を置いていない空間を予測する力の広がり

5)空間や物体を立体造形へ模倣したり，平面図形化していく力の広がり

　そこで，最後に，小学校入学後の学習を支える空間認知力とは何か，そのためにいつからどんな活動のための種まきをしておけばよいのか，その学習内容の実際をまとめておこう。

表1　児童期以降の学習の土台となる空間イメージの指導内容例

	つけたいイメージ	次のイメージ獲得のために種まきしたい活動
3歳児	①上の方向（鳥や飛行機が上を飛んでいる。） ②「前」「上」「後ろ」の方向（前に歩く，上に手をあげる，後ろを向くなど） ③反対側の理解 ④棚の上に物を置く，目印を決めて決まった位置に物を置く。 ⑤長い物をたどりその両端に気づく（水まきホースと蛇口の関係など） ⑥タイヤがころがるイメージをもつ。	①右と左を言葉として使えるようにする。正しい理解はまだ難しいが方向や位置を示す言葉として早くから左右の概念があることに触れさせていく。 ②縦と横についても同様（縦に置く，スイッチやレバーが横になったら止まるなど） ③杖などを使って手の届かないところをさぐってみる。杖先を通してわかることを増やしていく。 ④友達がしていることを，聞こえる音などから判断させる（「いま○○ちゃん，何していると思う」などといって話をさせる）。 ⑤壁にボールなどをぶつける，一まわりして戻ってくる玩具など，空間を挟んだ遊びをさせる。
4歳児	①歩いた軌跡や道を1本の点字の点線や棒の表現で代用できることがわかる。 ②直線の交わりで道を作り，おもちゃの車などを動かして遊ぶ。 ③立体的な簡単なおもちゃを組み立てたり分解したりして遊ぶ（玉転がしの台を組み立てる，坂道を滑る物を作るなど） ④机のまわりを歩くときなど，右回りでも左回りでもどちらでも行けるイメージをもつ。 ⑤「もうすぐ○○が現れる」ということがわかって歩き，どっちの方向から目	①前後上下左右といった自己身体基準の方向に加えてある物の左右といった客観的基準による方向に関する言い回しに慣れる。 ②試行錯誤を伴う物の分解，組み立てを多く経験させる。 ③自分が置いた物の位置を自分の言葉で言わせるようにする。 ④「斜め」という言葉を入れていく。

	印の音などが聞こえてくるはずだということが予測できている。 ⑥届かないときには踏み台を使うなどがわかっている。	
5歳児	①ペダル自動車（乗って運転できるもの）のイメージと手で押して動かす車のおもちゃのイメージが一致する。タイヤ４つを使って車の組み立て・分解ができる。 ②車用の道路と電車用の線路の交わりを意識しておもちゃのレールや道路を組み立てられる。 ③友達や人形に服を着せてあげられる。 ④物を基準にして「その上」等がわかる（平面での「前」を「上」ともいうことを理解させる）。 ⑤土の中や壁の向こう側など触れないところについて予測した話ができる（正しくなくてもよい）。 ⑥前でも右でもない「斜め前」等の方向がわかっている。	①向かい合った関係の右と左について反対になることに気づかせていく。 ②斜めの方向に自分の体の向きで表現できる。 ③簡単な道順を実際に歩く前に言葉で言える。

〈参考・引用文献〉

青柳まゆみ・鳥山由子編著（2015）『視覚障害教育入門―改訂版―』ジアース教育新社

香川邦生・猪平眞理・大内　進・牟田口辰己（2016）『五訂版　視覚障害教育に携わる方のために』慶應義塾大学出版会

香川邦生・千田耕基編（2009）『小・中学校における視力の弱い子どもの学習支援―通常の学級を担当される先生方のために』教育出版

慶応義塾大学自然科学研究教育センター中野泰志研究室（編）（2010）『教科用特定図書等（拡大教科書）サンプル集Ａ４版26ポイント相当』平成22（2010）年度版（図２）

文部科学省（2005）『盲学校小学部　社会　３・４―４』（平成16年版点字教科書）（図１）

3章

聴覚・言語障害児の理解と支援

　かつてわが国の特殊教育は，学校教育法に基づいて視覚障害，聴覚障害，知的障害，肢体不自由，病弱及びその他の障害を対象としていた。その他の障害には，情緒障害と言語障害の２つがあげられていた。こうした歴史的背景から，聴覚障害と言語障害は，現在もそれぞれ「免許状に定められることになる特別支援教育領域」，「免許状に定められることになる特別支援教育領域以外の領域」として位置づけられている。

　確かにそれぞれが示す状態像は異なるが，聴覚障害には「聴覚障害によって二次的に生じるコミュニケーション障害」があり，言語障害はそれ自体「コミュニケーション障害」であるということができる。このようにいずれもコミュニケーションや言葉の問題に深く関わるものであり，かつそれぞれの子どもに対する理解と支援に共通する事柄も多いため，聴覚障害と言語障害は相互に関連する領域であるともいえる。

　以下，聴覚・言語障害の各領域においてそれぞれの子どもの理解と支援について概説する。

1．聴覚障害とは

(1) はじめに

　聴覚障害は，「見えにくい障害」といわれている。

　外見上気付かれにくい障害であるだけでなく，障害のある人が置かれた障害状況やニーズも理解されにくい。例えば，障害のある人のきこえは，話者の声質，音源の距離や方向，周囲の音環境及び障害のある人自身の心身的健康に影

響されるが，これを本人や周囲が認識することは難しい。また，きこえたと思われる内容がはたしてき間違いではないと本人が判断できるかどうかも，他者を通して確認しないかぎりわからないままである。さらに日常生活や社会生活では，多数の聴者に対して聴覚障害のある子どもは一人であることが多いため，周囲の誤解や不適切な対応で抑圧され，人間関係への参加の意欲低下や不当な評価といった対人面・社会面で二次的な障害が生じる。こうした障害状況の蓄積によって精神疾患が発症する事例もある。

　そこで聴覚障害教育に関わる私たちは，「聴覚障害」そのものだけでなく，見えにくい「聴覚障害のある子どもの障害状況やニーズ」も丁寧に捉えていく必要がある。ここでいう「ニーズ」は，聴覚障害のある子どもが何かをしようとして試みたものの停滞している状態像と，関わり手がそのような子どもに対してどのような人になってほしいのかを想定している状態像とが重なり合うところに現れてくるものと考える。このように考えると，関わり手が想定する状態像が何であるかも吟味する必要があるといえよう。

(2) 音の性質と会話域

　音は，基本的に高さ（周波数），大きさ（音圧），音色の３つで構成されている。高さはHz（ヘルツ）の単位で表し，大きさはdB（デシベル）の単位で表す。日常会話では，図１のように周波数で500Hz〜3,000Hz，音圧では50〜80dBの範囲が，会話音を明瞭にきき取るために重要な部分であるといわれている。

(3) 聴覚障害

　聴覚器官は，伝音系と感音系の２つに大別される（図２）。伝音系では，空気の振動で伝わる音を耳介で集音し，

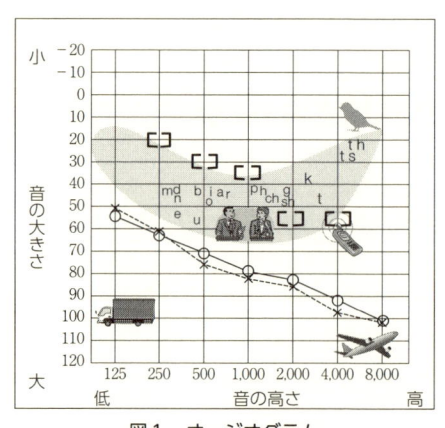

図1　オージオグラム

外耳道を通って鼓膜に到達する。空
気の振動はツチ骨，キヌタ骨，アブ
ミ骨を通って蝸牛に到達する。蝸牛
内には有毛細胞が配列されており，
振動を電気的な信号に変換する。低
音の振動には蝸牛の先端部にある有
毛細胞が反応し，高音の振動には蝸
牛の入口部にある有毛細胞が反応す
る。電気信号は，聴神経に伝えられ，
大脳の聴覚野に到達する。聴覚野に

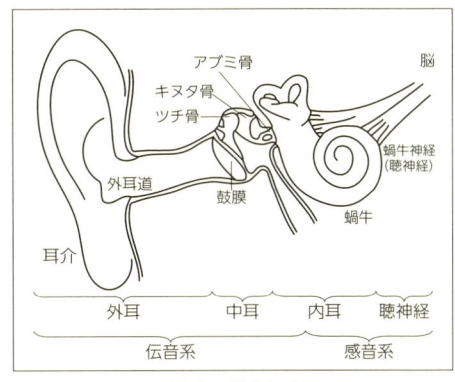

図2　耳のしくみ

到達するまでは，必要な音をきき，不要な音をきき流したり音の来る方向を理
解したり騒音の中から必要な音をきき取ったりする等の処理が行われる。そし
て聴覚野で音の存在と意味が理解される。

　障害部位が音を振動で伝える伝音系にある場合は，伝音性難聴といい，音が
小さくなってきこえる。補聴器でこの損失部分を補充すれば，はっきりきこえ
る。一方，障害部位が音を感じ，理解する感音系である場合は，感音性難聴と
いい，音が歪んできこえる。補聴器等によって聴力が改善することは困難であ
る。両方とも障害部位がある場合は，混合性難聴という。また，聴覚障害に程
度があり，一般的には表1のように区分されている。さらに，どの音域で聴力
が損失しているかでいくつかの聴力型に分類される。図1を見るとわかるよう
に，日本語の母音は低音域，子音は高音域にある。例えば，高音域で特に聴力

表1　難聴の程度

程度	平均聴力レベル	きこえの状態
正常	0〜25dB未満	普通の会話は問題ない。
軽度	25〜50dB未満	声が小さいときき取れないことが多い。
中等度	50〜70dB未満	普通の会話がききづらい。
高度	70〜90dB未満	大きな声でもききづらい。
重度	90dB以上	耳元での大きな声もききづらい。

損失している者（高音漸傾型，高音急墜型）の場合，「たけしたさん」の子音情報（t, k, sh, t, s）がきこえなくなり，「あえいああん」のようにきこえる。

　ただし，聴覚障害の種類，程度や聴力型も分類・区分したものであることに留意しておく必要がある。これは，後述するオージオグラムで個々の結果を見れば，個々の「きこえ」は異なることがわかる。さらに，同一の聴力レベルであっても，日本語音声のきき取りに個人差がある。現在も聴覚障害は「きこえにくくなるもの」であり，人の声を大きくすればきこえるものと一括りに見なされる傾向があるが，実際は一様でない個々の「きこえ」を丁寧に把握し，必要とされる配慮を行うことが大事である。

(4) 聴力検査

　通常の聴力検査では，純音聴力検査が行われる。複数の異なる周波数で最小可聴閾値を調べ，その結果をオージオグラムに記入する（図1）。この検査には，気導と骨導によるものがあり，気導の最小可聴閾値で，右耳は「○」，左耳は「×」，骨導の場合，右耳は「⊏」，左耳は「⊐」で記入される。気導と骨導の検査結果を見比べることで，聴覚障害の種類を判別できる。500Hz，1,000Hz，2,000Hzの気導検査音における最小可聴閾値で平均聴力レベルを算出することで，聴覚障害の程度を判別できる。

　乳幼児に関しては，通常の聴力検査は難しいため，音刺激に対する脳幹の反応を調べる検査（AABR，自動聴性脳幹反応検査，0歳～），音刺激に対する外有毛細胞の反応を調べる検査（OAE，耳音響放射検査，0歳～），音刺激に対する探索反応を調べる検査（COR，条件詮索反応聴力検査，6か月～2か月未満），さまざまな音に対する反応を観察する検査（BOA，聴性行動反応聴力検査，1歳未満）等がある。

　ただし，これら聴力検査は，特定の高さ・大きさに対する反応の有無を確かめるものであって，人の音声や音楽等がどのようにきこえているのかを確かめるものではないことに留意しておく必要がある。また，聴覚障害のある子どもにとって，自分の具体的なきこえ方や耳に入らない情報の特性を説明することは困難である。そこで個々の聴覚障害のある子どもの置かれている障害状況を

把握し，必要な対応を考えるためには，その障害状況を詳細に観察したり本人や保護者と詳しく話し合ったりすることが重要である。

2．聴覚障害教育の実際

(1) 早期発見・早期支援

　2000年度からスタートした新生児聴覚スクリーニング（検査法はAABRとOAE）によって，現在，産婦人科や耳鼻科で，新生児の聴覚障害の有無が早期に発見されるようになっている。発見後は，就学年齢に達するまで，聾学校（特別支援学校〈聴覚〉）の教育相談・幼稚部や難聴児通園施設に通ったり，病院の言語聴覚士による指導を受ける。また，家庭に対して，①親子間で共感的なコミュニケーション形成への支援（手話や残存聴力を活用した関わり等），②聴覚障害やコミュニケーション等に関する情報提供，③育児や将来の進路等に関する相談支援が行われる。家族が施設を訪問して支援を受けるかたちが中心であるが，子どもや親が安心して支援を受けられるように家庭訪問支援を行うこともある。早期発見から早期支援まで途切れなくきめ細かな支援を行うために，医療機関と療育機関の密接な連携も不可欠である。

　近年，補聴器だけでなく人工内耳（補聴器の装用効果が十分ではない者に対し，音を電気信号に変換し，蝸牛内に挿入した電極で直接聴神経を刺激する機器）を装用する乳幼児が増加している。小児人工内耳適応基準（2014年改訂）では，原則１歳以上とする等基準項目が設けられている。しかし補聴器や人工内耳のいずれも聴覚を完全に補うことは難しいため，支援に関わる者は，実際の装用効果を慎重に見極めながら，子どもの微かな視線，表情や動作等を丁寧に読み取り，種類を問わず子どもがわかる方法（手話，音声，身振り，絵，写真等）でコミュニケーション（双方向的な交信関係）の成立を目指して関わることが重要である。

(2) 初等教育・中等教育

　聴覚障害教育では長年，高校を卒業する年齢になった聴覚障害のある青年であっても日本語の「能力」を年齢相応に身につけていない傾向があることが指摘されている。そのため親や教員は，聴覚活用，発音，言語，教科の成績に目を奪われて，期待する反応を引き出そうと一方的に関わってしまいがちである。聴覚障害のある子ども本人は，相手とお互いに共感したりわかり合うために，時々刻々と変化する相互交渉場面で"言葉"をどのように工夫して関わるかという障害状況に直面していることが多い。したがって関わり手は，聴覚障害のある子ども一人一人の"言葉"や障害状況を丁寧に捉え，コミュニケーションの成立や相互理解につなげる教育実践を行うことが大事である。

　初等教育・中等教育では，聾学校か通常の学校のいずれかを選択する。学校教育法施行令の第22条の３では，特別支援学校での教育対象として，「両耳の聴力レベルがおおむね60デシベル以上のもののうち，補聴器等の使用によつても通常の話声を解することが不可能又は著しく困難な程度のもの」とされている。補聴器等とは，補聴器や人工内耳のことを指す。教育支援委員会（自治体によって名称が異なる）等で，前述したように障害の状態像を丁寧に見たり教育上必要な支援の内容等を加味して総合的な観点で検討の上，就学先を決める。就学先の選択には，親が聴覚障害や地域の事情を理解し，自分の子の状態像をどのように把握しているかが大きく関わってくるため，発見段階からの保護者相談支援の充実や関係機関の連携が重要となる。就学した後も，聴覚障害のある子どもの状態像の変化や教育・支援環境の状況等に応じて聾学校か通常の学校に転校・進学することがある。

　聾学校は，前述の教育相談に加えて，幼稚部，小学部，中学部，高等部，職業教育としての専攻科といった校内組織になっている。その教育課程は，通常の学校のそれとだいたい同じである。聾学校では，個々の児童生徒の実態に応じてさまざまな"言葉"（例えば，手話，音声，文字，指文字，身振り，絵，写真等）が使われるが，共通の"言葉"として手話が主に用いられている。手話には，

手指の方向・配置や顔の動き・表情及び顎・眉・口の動き等を文法的要素とし て概念をやり取りする手話言語（日本手話）や，聴覚補償の補助的手段として 手話単語や指文字をつける方法（手指日本語）がある。自立活動では，児童生徒 のニーズの変化や成長に応じて，補聴器等の管理及びそれを活用した聴覚学習， 日本語の発音・発語の指導，日本語の読み書きの指導，聴覚障害の基本知識の 学習，手話言語の仕組みや表現に関する学習，聴覚障害に関わる福祉・教育・ 就労・制度等の学習等が行われている。聾学校高等部の自立活動では近年，長 年のコミュニケーション障害状況や抑圧体験から立ち直るためにエンパワメン トの視点を取り入れた実践が行われている。

　通常の学校の場合は，通常の学級に在籍，難聴特別支援学級（難聴学級，きこ えの教室）に在籍，通常の学級に在籍しながら難聴通級指導教室（きこえの教室） で指導を受ける場合の3つの選択がある。難聴特別支援学級の対象は，「補聴 器等の使用によっても通常の話声を解することが困難な程度のもの」であり， 自立活動の科目も設けて指導する。通級指導教室の対象は，「補聴器等の使用 によっても通常の話声を解することが困難な程度のもので，通常の学級での学 習におおむね参加でき，一部特別な指導を必要とするもの」としている。障害 の状態等に応じて発音指導，聴覚学習，手話・指文字の指導，各教科の内容の 補充等が行われる。

　通常の学級で授業を受けるときは，教室は常に静かな環境であるとは限らな いため，人の音声がきき取れず授業に参加することが難しくなる。そのために 教員が板書を多くしたり教材を工夫する等の方法が考えられる。また，2000年 に愛媛県松山市で始まった学校生活支援員制度のように，教員や児童生徒との コミュニケーションにおける平等な参加を確実に保障するため，各市町村で支 援員（要約筆記者・手話通訳者・学習支援員）を派遣する仕組みがつくられて きている。高等学校では，宮崎県で県立高校を対象にした支援員を派遣する全 国初の事業が始まったばかりである。現在もなお，学校側が支援員の派遣を拒 否する事例が報告されており，合理的配慮の不提供に該当するのかどうかもあ わせて今後議論されるだろう。また近年，通常の学級への遠隔情報保障の導入

が試みられており，これをいかに制度化していくのかも課題である。

(3) 高等教育

高等教育に進学する聴覚障害のある学生の人数は毎年増加傾向にある。2000年頃までは大学の理解が得られず聴覚障害のある学生が理解ある学生や教職員とともに活動する傾向があったが，現在は，大学が全学的に支援体制を構築し，専門的支援職員としてのコーディネーターや支援部署を配置するようになっている。また，国内で唯一視覚と聴覚に障害がある学生を対象とした筑波技術大学（1987年に3年制大学として創立，2005年から4年制）があり，産業技術分野での専門職業人養成に取り組んでいる。さらに，2004年に設立された日本聴覚障害学生高等教育支援ネットワーク（PEPNet-Japan）が，聴覚障害学生支援の水準向上のために，聴覚障害のある学生，情報保障者及びコーディネーターを対象とした各種研修プログラムの開発，聴覚障害学生支援に関わる理解啓発・養成研修の教材開発，全国シンポジウムや各種研修会の開催等に取り組んでいる。今後の課題として，長年，抑圧されてきた聴覚障害のある学生のエンパワメントに主眼を置いた支援体制の強化，授業における教育方法・内容の充実，情報保障の質的保証，これらを支える大学間連携体制の拡大があげられている。

3. 言語障害とは

(1) はじめに

わが国の言語障害に対する支援は，日本の近代化が促進された明治時代に始まっている。この時代は，富国強兵，殖産興業，国民皆学の名のもと，国語教育の推進や東北訛りの発音矯正等が盛んに行われていた。つまり，明治以前においては，それぞれのお国言葉で話されていた日本語が，中央集権国家建設のための政策として統一日本語として変貌を遂げる際に，定型的な日本語を正しく話すことに困難を示す言語障害としてクローズアップされたといってもよい。

　しかし，その時代にそうした障害を抱える人たちに対する公教育の場における支援は，京都盲唖院における聾教育以外にはほとんど行われてはおらず，多くは民間の発音矯正所に頼るしかないのが実状であった。

　こうした傾向は，第二次世界大戦後まで続くことになり，昭和20年代後半から，ようやく言語障害のある子どもに対する公教育の場における支援が開始されたといってもよい。その代表的な例としては，1953（昭和28）年頃より，仙台市立通町小学校における濱崎健治氏による音声学を基本とする発音指導や，千葉市立院内小学校における大熊喜代松氏の学業遅進児に対する国語指導等がある。

　仙台市立通町小学校における濱崎健治氏の教育実践は，1953（昭和28）年頃より開始された。濱崎氏は，戦後のローマ字教育に関して，訓令式ローマ字ではなく，発音の仕方と表記の対応しやすいヘボン式ローマ字の推奨者であったことや，当時集団就職した卒業生が東北訛りを馬鹿にされて帰省せざるを得なかった悔しさから，正しい発音が自信をもってできるようにならないかという思いから，発音指導に取り組み，その後口蓋裂や吃音といった話し言葉に障害

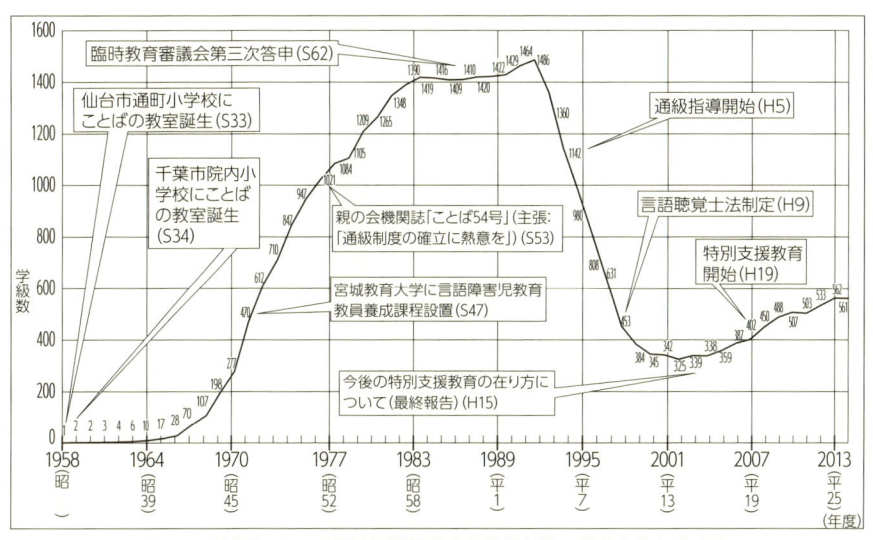

図3　宮城県における固定制言語障害特殊学級数の推移と主な出来事

のある子どもたちに対する指導を積み重ね，文部省もその実績を評価するに至り，1958（昭和33）年に日本で初めての「言語障害治療教室（通称：「ことばの教室）」の開設に至った。

　そうした実績が認められるにしたがって，図3にあるように次第に「ことばの教室」の数は増え，「ことばの教室」担当教員の需要も増え，その育成の必要性から，1972（昭和47）年に宮城教育大学に言語障害児教育教員養成課程が設置されるに至ったのである。

　初期の「ことばの教室」は，法的側面からはあくまでも固定制の特殊学級というかたちで設置されたが，実質的には通級制という形態をとっていた。しかし，そうした場合，法的には定常的に在籍児を確保せねばならず，学級経営上の問題も多いことから，1975（昭和50）年頃より親の会を中心として"通級制"への移行を求める声が大きくなった。こうした流れの中で，ようやく1993（平成5）年に設置以来35年間の悲願であった"通級制"が施行されるに至った。

　しかし，完全に固定制の学級がなくなったわけではなく，現在全国にある「ことばの教室」は"固定制"と"通級制"の二つの形態がある。その割合は図4に見られるように，圧倒的に通級指導教室が多くを占めている。ちなみに，

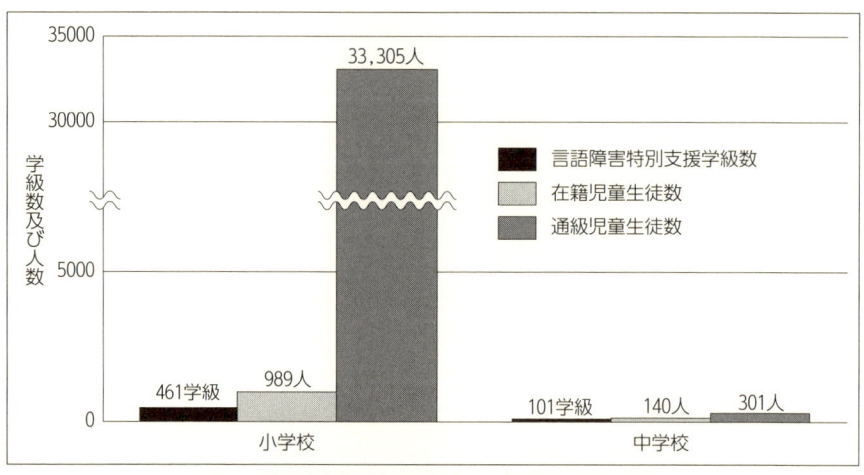

図4　言語障害特別支援学級数及び児童生徒数と言語障害通級指導教室の児童生徒数（宮城県平成25年度）

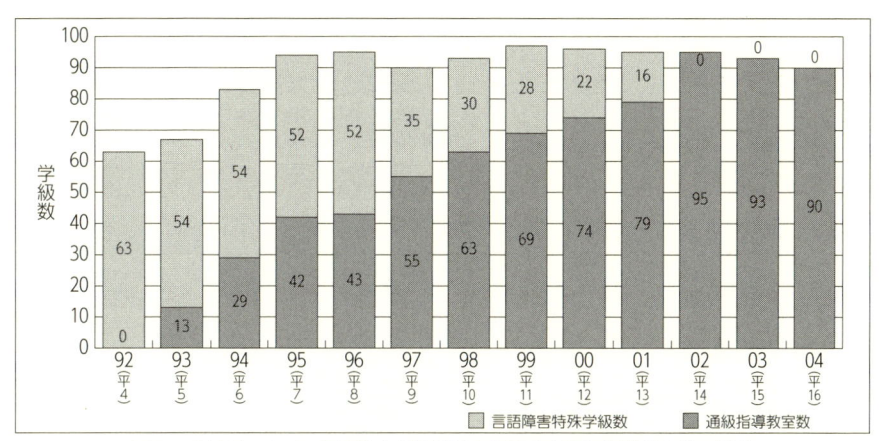

図5　宮城県における言語障害特殊学級と言語障害通級指導教室数の推移

（宮城県特別支援教育研究会　言語障害・発達障害教育専門部資料より）

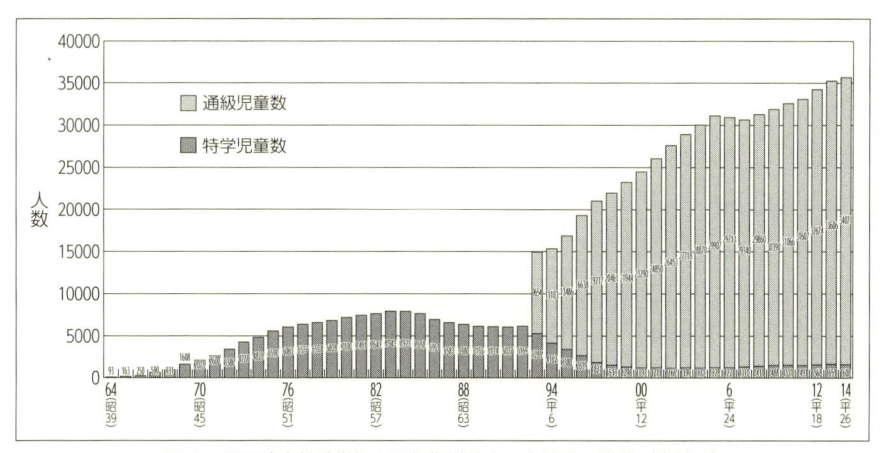

図6　言語障害特殊学級と通級指導教室の生徒数の推移（宮城県）

　宮城県においては，図5に示されるように1993（平成5）年以降順次“通級制”へ移行して2002（平成14）年にはすべての「ことばの教室」が“通級制”に移行している。また，図6からもわかるように，この“通級制”施行に伴い，それまでの固定制特殊学級の在籍児童数に加え，通級児童生徒数が一気に増加し，言語障害のある子どもたちに対する支援の必要性はますます増大する結果となったのである。

51

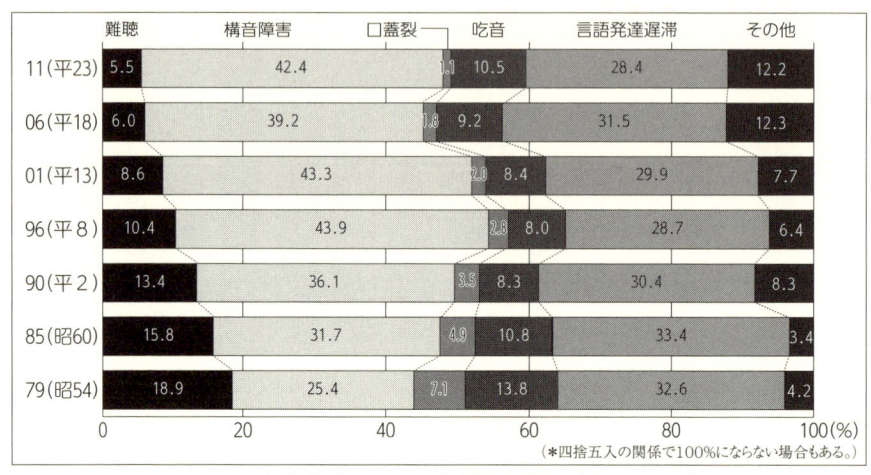

図7　「ことばの教室」指導対象児童内訳割合の推移（宮城県）

　図7には，1979（昭和54）年から約5年おきに実施された「ことばの教室」指導対象児童の内訳の推移が示されている。この図からもわかるように，当初は難聴や口蓋裂といった障害のある児童が多かったが，難聴学級（通称「きこえの教室」）の整備や医療技術の進歩によってこれらの児童数は減少しているが，構音障害やその他に分類される児童の数が増えていることがわかる。これらの児童においては，器質的な問題を抱える構音障害ではなく，機能的構音障害といわれる児童が多く，「その他」の場合も何らかのコミュニケーション上の問題や，"言葉"に問題を抱える児童が増えていることが推測できる。

(2) 言語障害の捉え方

　狭い意味での「言語障害」とは，"話し言葉（speech）"がうまく産生されない状態であるということができる。しかし，単に"話し言葉"が出てこないからといって，その状態を即座に「言語障害」と決めつけることはできない。また，いかに"話し言葉"が流暢であるからといって，それでコミュニケーション上に全く問題が生じないかというと決してそう言い切ることもできない。

　通常，"話し言葉"で使用される単語には"概念"が伴っている。例えば

「イヌとネコ」という場合には，「イヌ」という毛の生えた四本足の「ワンワン」と鳴く動物といったイメージや，「ネコ」という「イヌ」と似てはいるが「ニャーニャー」と鳴く動物といったイメージがあり，その動物が並列的に示されていることが「と」という助詞によって示されていることが共通理解されていなければ，「イヌとネコ」という"話し言葉"は通じないということになる。したがって，いくら"話し言葉"をたくさん学習したとしても，他者と通じ合える，つまりコミュニケーションができることにはつながらないということもできるのである。実際，"話し言葉"が産生される過程は実に複雑であり，図8に示されるいずれのプロセスにおいても何らかの滞りが生ずれば，言語障害になり得るということができる。

　したがって，広い意味での「言語障害」は，まさに言語（language），コミュニケーション（communication）の障害を指しているといえる。

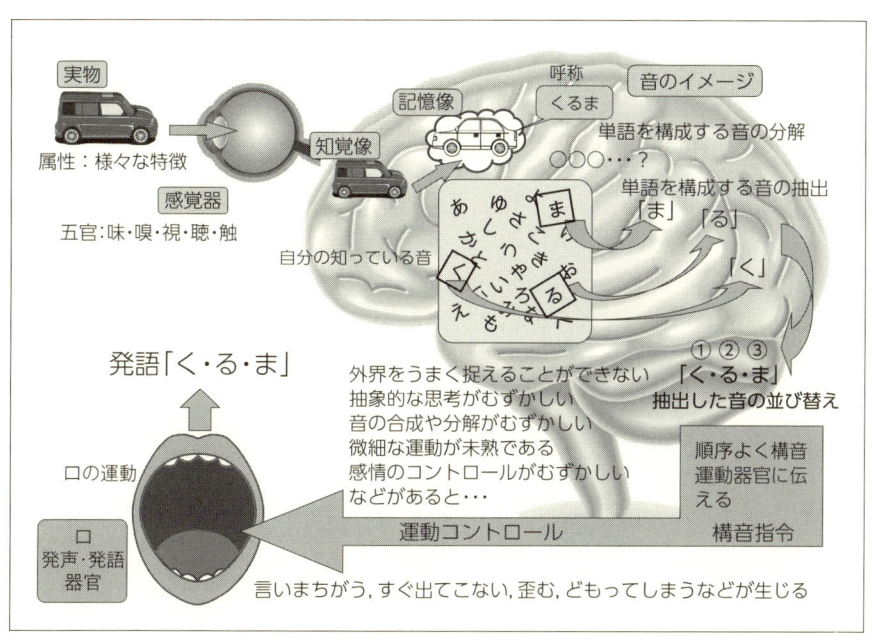

図8　言葉が発せられるまでのプロセス

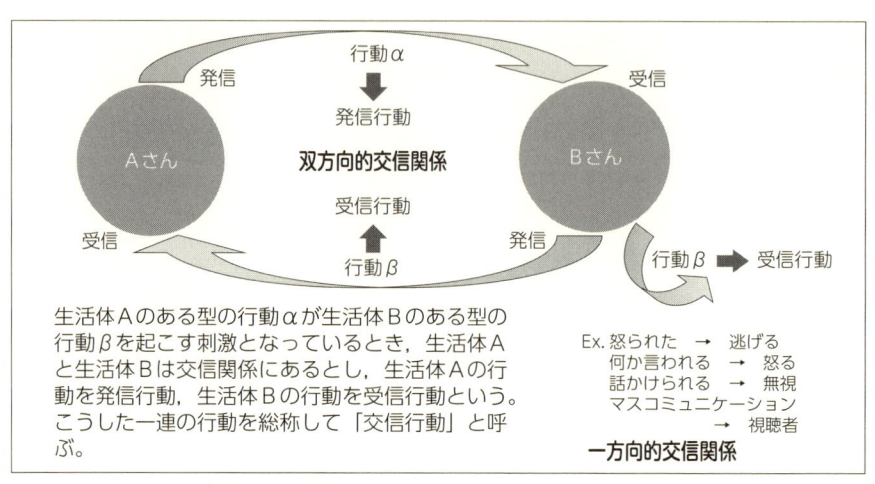

図9 交信行動体制（コミュニケーション） （梅津, 1974）

　コミュニケーションの捉え方について，梅津（1974）は，「生活体Aのある型の行動 α が生活体Bのある型の行動 β を起こす刺激となっているとき，生活体Aと生活体Bは交信関係にあるとし，生活体Aの行動を発信行動，生活体Bの行動を受信行動という」としている。そして，「こうした一連の行動を総称して『交信行動』と呼ぶ」としている。この関係は図9のように表すことができ，ここで述べられている「交信行動」がコミュニケーションということに相当する。したがって，一方的に投げかけた"言葉"でも，それによって相手が何らかの反応（逃げる，怒る，無視する等）を示した場合でも，両者は交信関係にあると見なすこともできる。日常われわれが使っているコミュニケーションという用語は，そうした「一方向的交信関係」ではなく，キャッチボールのような「双方向的交信関係」を意味しているということもできる。

　また，「受信」「発信」という観点からすれば，「信号」を介した関係性という捉え方もできる。つまり，"言葉"によって，何らかの行動を発現するという観点からいえば，「信号」とは行動発現の作用項ということでもできる。梅津は，この「信号」について，図10のように整理している。

　一口に「"言葉（言語）"に障害がある」といってもその示す様相はさまざま

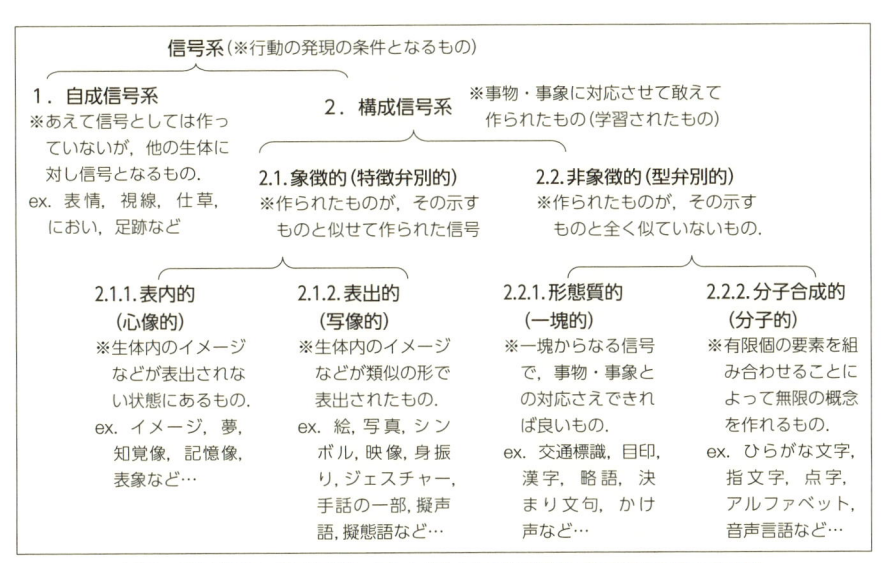

図10 系統発生と構成原則からみた信号系の分類(特に構成信号系について)
(梅津, 1982 ※印部分は, 藤島が補った。)

である。"言葉（言語）"という用語をどこまで拡張するかによっても，その適用範囲は異なり，また"言葉"の役割である"思考"や"コミュニケーション"，"自己調整"という観点からみれば，いわゆる障害が重いとされる寝たきりのお子さんや盲聾といわれるようなお子さん等も，当然"言葉"や"コミュニケーション"に障害を抱えているということができる。

4. 言語障害教育の実際

そうした多岐にわたる「"言葉（言語）"の障害」のうち，主に「ことばの教室」において対象となる「言語障害」には以下のようなものがある。

(1) 構音障害

構音障害とは，発音が正しくできない状態をいい，大きく分けて4つに分類することができる。

まずは，①**器質性構音障害**といわれるもので，発声・発語器官における形態上の異状によって発音上の問題が生じる場合である。これには，胎生期の顎形成過程に何らかの支障が生じた口唇・口蓋裂や，不正咬合，舌小帯短縮症等が主なものとしてあげられる。また，脳性麻痺等のような音声器官の運動機能障害による発話障害としての②**運動障害性構音障害**や，聴覚障害による聴覚・音声回路のフィードバックの困難が生じることにより二次的に発音上に障害が生じる③**聴覚性構音障害**，さらには医学的所見が認められないものの発音上に障害がみられる④**機能性構音障害**といわれるものがある。ことに，(iv)の機能性構音障害は，一般的には「ことばの教室」に通級している子どもの約7割を占めているともいわれ，図8の「言語発達遅滞」や「その他」に分類される子どもの中にも，機能性構音障害をあわせもっている子どもが含まれていることが推測できる。また，近年クローズアップされている発達障害といわれる子どもたちの中にも機能的な構音障害が指摘される例も少なくない。

　構音障害の状態像は，①**置換**，②**省略**，③**添加**，④**歪み**，⑤**誤構音の習得**，と大きく5つに分類することができる。

　①**置換**とは，本来正しく発音されるべき音が他の音に置き換わることを指し，例えば「さかな［sakana］」と発音されるべき単語を「たかな［takana］」というように，/s/の音が/t/に置き換わるといったものがあげられる。②**省略**とは，本来発音されるべき音が脱落することを指し，例えば「すいか［suika］」と発音されるべき単語の/s/の音が脱落し，「ういか［_uika］」のように発音されるものがあげられる。③**添加**とは，本来その単語には含まれない余計な音がつけ加わるような場合で，例えば「じどーしゃ［dʒidoːʃa］」と言うところを「じんどーしゃ［dʒindoːʃa］」と言ったりするものがあげられる。④**歪み**とは，上記①〜③には該当せず，しかも単語そのものはそれらしくきこえるが，音全体が歪んできこえるような発音の仕方で，例えば「ぱんだ［panda］」という単語が「ぷぁんだ［△nda］」のようにきこえるようなものがあげられる。こうした歪みはきき手の聴覚的印象によって判断されるが，その際の表記法は上にあるような［△］を用いて表す。⑤**誤構音の習得**とは，本来正しく発音され

る際に用いられる構音点や構音動作とは異なる方法によって誤った構音が身についたような場合で，例えば主に口唇や舌を使って発音すべき音を喉の奥（声門）をいったん締めるようにして発音するような声門破裂音や，舌先を使って発音しなくてはならない音を舌の後方を使って発音する口蓋化構音といったものがあげられる。

　こうした構音障害を改善するには，まず発声・発語器官の形態に問題がないかどうかを調べることが重要である。また，呼吸機能や鼻咽腔閉鎖機能（velopharyngeal function）に問題がないかどうかや，日常生活で行っている嚙むこと（Chewing），吸うこと（Sucking），飲み込む（嚥下）（Swallowing）や吹くこと（Blowing）に問題がないかどうかを調べてみる必要がある（これらの頭文字をとって"CSSB"ということがある）。

　構音の判定については，国際音声学会（International Phonetic Association）が定めた音声記号である国際音声記号また国際音声字母（IPA：International Phonetic Alphabet）に準じた日本語の発音に必要な発音記号と正しい発音に必要な場所（構音点あるいは調音点）に基づいてチェックされるが，最初は単音，次いで単語，文章の順にみていき，構音の誤りの特徴について調べる必要がある。ことに，構音の誤りに一貫性があるのかどうか（被刺激性の有無）や対象となる音の誤りが語頭・語中・語尾のいずれに生じるのかといったことや，検査を行う過程で見られる子どもの反応（聴覚的理解や弁別力，単語や文の理解力や記銘力，対人関係能力等）を十分に考慮しながら進める必要がある。また，子どもの成長の度合いによっては，検査という形式にこだわらず，遊びの中や，絵カードを用いた方法，復唱や読解等のさまざまな方法によって判定を進めていくことが必要である。

　さらに，構音指導に関しては市販のマニュアル等を参考にしつつも，子どもを飽きさせることなく，声を出すことを楽しみながら，達成感が味わえるような教材や場の設定の工夫等を行うことはいうまでもない。

(2) 吃音

　吃音は，発語に当たり，躊躇（一瞬ためらうような様子）・繰り返し（例えば「ぼくは」という場合に「ぼ・ぼ・ぼ・ぼ・ぼくは…」），引き伸ばし（例えば「ぼーーくは」）・難発（ブロック）（例えば，発話しようとしてもなかなか呼気の調整がうまくいかず爆発するようにして「v・v・v・vぼくは！」のように）等，発語のリズムに一般よりも著しい乱れを生じた流暢性を欠いた話し方をすることによって，それがコミュニケーション上に何らかの問題を生じる状態をいう。こうした現象は，日頃われわれもよく経験することであるが，こうした現象が一時的あるいは非持続的である場合は，こうした現象のみをもって吃音とはいわない。

むしろ，吃音があることによって，注意を話し言葉や話し方に集中しすぎてしまい，きき手とのコミュニケーションが妨害され，努力性発語，けいれん性発語，心身の緊張等を生じることによって，対人的不適応や感情的諸問題（フラストレーション・不安・恐れ・劣等感等）をもたらす等の問題が予想される場合，それが言語障害と見なされ支援の対象となると考えるべきである。

　一般的に，吃音は文化や民族の別を問わず約１％において出現するといわれており，女に比べて男に多いとされている。また，吃音の発生に関しては，２歳から４歳くらいにかけて，子どもが二語文以上の複雑な発話を開始する頃に発吃するような「発達性吃音」と，神経学的疾患や脳損傷，さらには心的なストレスや外傷体験に続いて発吃する「獲得性吃音」とに分けられることがある。

　また吃音は，幼児期のように，吃音そのものに対する意識が顕在化していない場合もあり，こうした吃音を一次性吃音といういい方をする場合もある。こうした状態からさらに自分の吃音を意識し始めて，次第に吃音があることによってそのことに注意が奪われ，予期不安や葛藤等を生じるような場合を二次性吃音という場合もある。さらには，一次性吃音と二次性吃音に明確な境界がつけられないことから，一次性から二次性に移行する中間的な段階を移行性吃音と呼ぶこともある。

　吃音に関しては，研究者の立場や支援に対する考え方の違いから，これまで

さまざまな角度から原因論や鑑別・診断法の開発，改善のための方法等の研究がなされてきているものの，いまだこれといった解決策は見いだされていないのが現状である。しかし，かつては話し言葉に直接アプローチする“矯正”ということに主眼が置かれていた支援も，現在は吃音があることを前提としながら，完治を目指すのではなく，楽に話せるような支援を心掛けるという方向に変わってきている。

　ことに，まだ吃音に対する意識が顕在化していない段階のいわゆる一次性吃音の場合には，環境調整を中心とした支援が重要であり，それとともにロールプレイやペープサート等を活用したプレイセラピー的な関わり合いを通して，話すことの楽しさや達成感を育むような間接的支援が重要であるといえる。そして，二次性の吃音においても，話すことの楽しさを経験することを基調としながら，吃音に対する否定的なイメージを払拭できるようオープンに話し合える対応も重要となってくる。そして，日常生活場面でいざ話そうとする際，なかなか言葉が出てこないという場合には，その脱出法として楽に話せるような，吃を軽減できるための方法を適応することも必要となる場合がある。こうした方法としては，いわゆる流暢性促進技法としての腹式呼吸，斉読（斉唱）や追読（追唱），リズム法，引き伸ばし法，スロースピーチ，随意吃等さまざまな方法があるが，いずれも子どものニーズに合わせた方法を適応することが望ましいといえる。

(3)　言語発達遅滞

　言語発達遅滞という用語は，知的な問題やコミュニケーション上の問題等を背景とした言葉に何らかの課題を抱えている状態を総称する用語で，明確にこの用語を定義することは難しい。

　しかしながら，言語発達遅滞の範疇に入る子どもの状態としては，近年話題となっている発達障害といわれる状態を示す子どものように，会話や言語面における特異な構音障害（機能性構音障害），表出性言語障害，受容性言語障害，後天性失語，読字障害，書字障害，算数能力の障害，学習能力の障害，広汎性

発達障害，自閉症，非定型自閉症，アスペルガー症候群等と多岐にわたる。

　こうした子どもたちへの支援を行うには，言語がわれわれの生活において果たす役割について熟知した支援が求められるといえる。つまり，言語を単に音声言語としてだけ捉えるのではなく，書字等の視覚的な言語の活用や，数等の抽象的思考を求められる課題，さらにはコミュニケーションが円滑に行えるための条件等さまざまな知見が必要となるといえる。

(4) 音声障害

　音声障害とは，以上に述べた要因とは異なり，音声を発すること自体に問題が生じた場合をいう。例えば，喉頭癌等により喉頭摘出を行った際に，声を出すための声帯を失ってしまったことによる発声の困難や気管切開等によりカニューレが挿管されていて発声が困難な場合，さらには喉頭部に炎症等が起きて声がかすれるといった嗄声等がある。

　こうした場合には医療的なケアが優先されることが多いものの，中には心因性の音声障害等もあるため，そうした場合には心理的なケアを中心としたアプローチも重要となってくる。

(5) おわりに

　現在の言語障害通級指導教室（通称：「ことばの教室」）に通ってくる子どもについては，その子ども一人一人の状態に応じてさまざまな対応が行われている。

　先にも述べたように，“言葉”に障害があるということは，単に音声言語だけの問題にとどまらない。図11（梅津，1982）からもわかるように，音声言語は信号系としては最も分化した効率的なコミュニケーション手段であるということができる。しかし，それが単独で成り立つものではなく，実際のコミュニケーション場面においては，それ以外の信号系（状況や概念等）も関与しつつコミュニケーションが成り立っている。したがって，円滑なコミュニケーションの成立という場合においても，相手がどのような人なのかといった“話し言葉”以外の情報が大きな役割を担っているということができる。つまり，図11

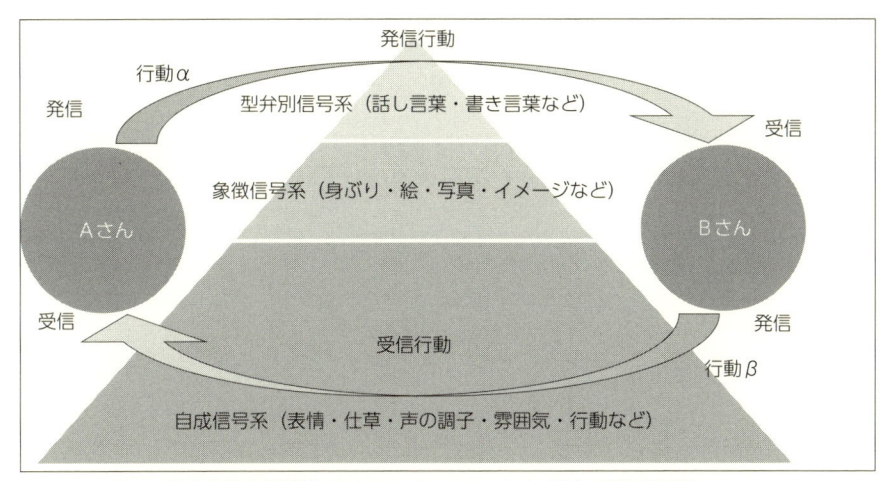

図11　双方向的交信関係（コミュニケーション）における信号素材層(梅津, 1974)

に示すように，"話し言葉"はあくまでもコミュニケーション上の表層的な部分であり，その基盤には人それぞれが何気なく示す自成信号や概念としての象徴信号等が重要な役割を担っているということである。

　そこで，大切なことは，あくまでも主訴としての音声言語面での障害に目を奪われることなく，子どもの全体像を捉える視点や，その子どもに関わる支援者側の"人となり"ということが問われてくるということを自らに戒めて関わり合いを行ってほしいと願っている。

〈参考・引用文献〉

阿部雅子（2008）『構音障害の臨床―基礎知識と実践マニュアル―』金原出版
伊澤修二（1909〈明治42〉年）『東北発音矯正法』大日本図書株式会社
伊藤伸二他（2010）『吃音ワークブック―どもる子どもの生きぬく力が育つ―』解放出版社
C. ヴァン・ライバー（1967）『ことばの治療―その理論と方法―』（田口恒夫訳）新書館
岡崎恵子・船山美奈子（2006）『構音訓練のためのドリルブック』協同医書出版者
岡崎恵子・加藤正子・北野市子（2011）『口蓋裂の言語臨床（第3版）』医学書院
苅安誠，城本修著（2012）『音声障害（言語聴療法シリーズ）』建帛社
小林宏明（2014）『学齢期吃音の指導・支援―ICFに基づいたアセスメントプログラム―』学苑社
W. ジョンソン，D. メラー著（1974）『教室の言語障害児』（田口恒夫訳）日本文化科学社
田口恒夫編（1968）『言語治療用ハンドブック』日本文化科学社
田口恒夫訳（1974）『教室の言語障害児』日本文化科学社

独立行政法人国立特別支援教育総合研究所（2012〈平成24〉年）『「平成23年度全国難聴・言語障害学級及び通級指導教室実態調査」報告書』

日本音声言語医学会編（1994）『声の検査法（臨床編）』医歯薬出版

日本音声言語医学会編（2005）『動画で見る音声障害 Ver.1』［DVD］．インテルナ出版

日本音声言語医学会編（2009）『新編声の検査法』医歯薬出版

浜崎健治（1989）『臨床音声学の理論と実際―正しい構音と発音―』慶応通信

バリー・ギター（2007）『吃音の基礎と臨床―統合的アプローチ―』（長澤泰子訳）学苑社

フレデリック・P・マレー著（1985）『吃音の克服―文明社会のなかの言語障害―』（田口恒夫・岡部克己訳）新書館

水町俊郎，伊藤伸二（2005）『治すことにこだわらない，吃音とのつき合い方』ナカニシヤ出版

宮城県特別支援教育研究会『言語障害・発達障害教育専門部資料』（1992〈平成４〉年度〜2004〈平成16〉年度）

湧井豊（1992）『構音障害の指導技法―音の出し方とそのプログラム―』学苑社

4章 知的障害児の理解と支援

1．知的障害とは

　現在，知的障害の捉え方は多様であり，医学的な立場や福祉的な立場，あるいは教育的な立場によって，その定義の仕方は少しずつ異なっている。以下には，その代表的な捉え方を概観し，知的障害の全体像を把握してみよう。

(1) DSM-5（アメリカ精神医学会の診断統計マニュアル）の定義

　アメリカ精神医学会の診断統計マニュアルである DSM（Diagnostic and Statistical Manual of Mental Disorders）第5版では，知的障害の定義を以下のように示している。

○知的能力障害は，発達期に発症し，概念的，社会的，及び実用的な領域における知的機能と適応機能両面の欠陥を含む障害である。以下の3つの基準を満たさなければならない。

A　臨床的評価及び個別化，標準化された知能検査によって確かめられる，論理的思考，問題解決，計画，抽象的思考，判断，学校での学習，及び経験からの学習など，知的機能の欠陥。

B　個人の自立や社会的責任において発達的及び社会文化的な水準を満たすことができなくなるという適応機能の欠陥。継続的な支援がなければ，適応上の欠陥は，家庭，学校，職場，及び地域社会といった多岐にわたる環境において，コミュニケーション，社会参加，及び自立した生活といった複数の日常生活活動における機能を限定する。

C　知的及び適応の欠陥は，発達期の間に発症する。

○上記の定義に加えて，重症度を「軽度」「中等度」「重度」「最重度」の4段階で

> 特定するために，「概念的領域」「社会的領域」「実用的領域」の各領域ごとの基準が具体的に記述されている。

(2) 米国知的・発達障害協会（AAIDD）の定義

米国知的・発達障害協会（AAIDD；the American Association on Intellectual and Developmental Disabilities）のマニュアル第11版（2009）によれば，「知的障害は，知的機能と適応行動（概念的，社会的及び実用的な適応スキルによって表される）の双方の明らかな制約によって特徴づけられる能力障害であり，この能力障害は18歳までに生じる」とされている。また，この定義を適用するためには，以下の5つの前提があることを明記している。

> 1) 今ある機能の制約は，その人と同年齢の仲間や文化に典型的な地域社会の状況の中で考慮されなければならない。
> 2) アセスメントが妥当であるためには，コミュニケーション，感覚，運動及び行動要因の差はもちろんのこと，文化的，言語的な多様性を考慮しなければならない。
> 3) 個人の中には，制約（limitation）と強さ（strength）が共存していることが多い。
> 4) 制約を記述する重要な目的は，必要とされる支援のプロフィールを作り出すことである。
> 5) 長期にわたる適切な個別支援によって，知的障害がある一部の生活機能は全般的に改善するであろう。

また，同マニュアルでは，知的障害の診断にあたって「(a) 知的機能における明らかな制約，(b) 適応行動における明らかな制約，(c) 18歳までの発現年齢，の3つの基準を満たすことが必要である」と述べており，(a) 知的機能に関しては，「使用した特定の知能検査の標準測定誤差と検査の長所及び制約を考慮して，平均より約2標準偏差以上低いIQ得点」であるとしている。(b) 適応行動に関しては，「知的障害のある人とない人を含む一般集団で，その基準を定義した適応行動の標準化した尺度に基づく実行能力，すなわち，①概念的，社

会的及び実用的適応行動の3つの型のうちの一つ，または②概念的，社会的及び実用的スキルの標準化した尺度による総合得点で，平均より少なくとも2標準偏差低い」としている。

　なお，AAIDDの前身である米国精神遅滞協会（AAMR）は，「知的機能が明らかに平均未満」であること加えて,「コミュニケーション，身辺処理，家庭生活，社会的スキル，地域資源の活用，自己管理，健康と安全，実用的な学業，余暇及び仕事」を"適応スキル"という言葉で表し，これらのうち「2つ以上の適応スキルの領域で制約を伴う」場合を知的障害であると定義している。

(3) 文部科学省の定義

　文部科学省では，知的障害を「記憶，推理，判断などの知的機能の発達に有意な遅れがみられ，社会生活などへの適応が難しい状態」であると定義しており，一般的には，「認知や言語などにかかわる知的能力」や，「他人との意思の交換，日常生活や社会生活，安全，仕事，余暇利用などについての適応能力」が同年齢の児童生徒に求められるほどまでには至っておらず，特別な支援や配慮が必要な状態とされている。

　以上のように，知的障害とは，単に知的な発達が平均よりも有意に遅れているだけではなく，日常生活や社会生活を送る上で必要とされる適応の機能が，全体的かつ実質的に制約されている状態にある場合を指していることがわかる。また，これらの定義は，知的障害のレッテルを貼るために定められた境界線ではなく，あくまでも治療や支援，そして教育を施すための規準として存在していることに意義があることを忘れてはならないだろう。

(4) 知的障害の実態把握

　知的障害の原因としては，「病理的要因」と「生理的要因」の2種類のものが考えられている。病理的要因とは，ダウン症等に代表される染色体異常，代謝異常，インフルエンザ等による脳炎の後遺症，頭部外傷等の外的な要因によ

る知的障害のことである。生理的要因とは，病理的要因がないもので，理論上はIQ70以下の人が人口の2.27％の割合で生まれることがわかっており，そうした要因による知的障害のことである。一般的には病理的要因の方が知的障害の程度が重度であることが多く，生理的要因の方が軽度であるが知的障害の大半を占めるといわれている。

　従来，知的障害の程度は，便宜的にIQ（知能指数）を基準に「軽度」〜「最重度」までを分けることが一般的であったが，近年では上記の各種定義でも示されているように，IQ数値のみを手掛かりにした分類は生活体としてのヒトの全体像を捉えていないという批判もあり，当人の支援ニーズと必要な支援の程度によって捉え直すことの方が主流となってきている。そもそもIQ数値のみで知的障害を捉えることには矛盾があり，例えば，知的障害の境界線とされているIQ70以下の人は知的障害ということになるが，知的障害がないとされるIQ72の人と比較して，どれだけの生活機能の差があるかといえば，ほとんどその差は認められないだろう。そうした点からもIQ数値のみではなく，実際の生活上あるいは学習上の困難さと，その困難さの改善・克服に必要な支援を見いだすという観点から知的障害の実態を把握することが重要である。

　学校現場で知的障害の状態を実際的に把握するにあたっては，障害の有無，障害の状態，学校生活における援助や配慮の必要性について実態を把握する必要があり，①知的機能，②身辺自立，③社会生活能力等の状態のほか，必要に応じて，④運動機能，⑤生育歴及び家庭環境，⑥学力等について，検査や調査を行うことが必要である。

　知的機能の把握に際しては，標準化された知能検査や発達検査を用いて行うが，実施にあたっては結果の分析も含めて検査に習熟した者が行う必要がある。検査にはさまざまな種類があり，知的機能のどのような側面を測定するかによって用いる検査が違う。そのため，用いる検査によって得られる結果の表し方も違っており，精神年齢（Mental Age）または発達年齢（Developmental Age）を算出したり，知能指数（Intelligence Quotient）または発達指数（Developmental Quotient）を算出したりすることが可能となる。また，検査の実施方法についても各種検

査の違いがあり，設定された場面で直接検査者が被験者に反応を求めながら判断する方法，検査者が行動観察を通じて設定項目をチェックしながら判断する方法，保護者等に尋ねながら心身の発達を段階的に判断する方法等がある。言語によるコミュニケーションが十分に発達していない知的障害児・者の場合，当人に検査を実施することが難しく，検査者による行動観察や当人をよく知る保護者に聴き取りをしながら実態を把握することも必要になる。

　知能検査の中には，平均的な同世代集団の中での相対的な位置を知る「個人間差」を測定する検査と，知的能力をいくつかの因子に分けて捉え，例えば，聴覚から入る情報を処理する能力（聴覚認知）と視覚から入る情報を処理する能力（視覚認知）とのバランスのギャップを知る「個人内差」を測定する検査とがあり，特に知的障害を伴う自閉症児・者においては，この個人内差の実態に着目することが，その後の支援の手立てを検討するためには重要となってくる。

　適応行動（適応能力）の実態把握に際しては，標準化された生活能力に関する検査を用いて行うことができる。検査結果は，社会性年齢（Social Age）と社会性指数（Social Quotient）で表され，精神年齢MAや知能指数IQ，発達指数DQ等と比較検討することで，発達の遅れの状態や環境要因の影響と，それらへの支援の方策等を検討することが可能となる。ただし，適応行動については検査場面だけで把握できることには限界もあり，例えば，日常生活の場である学校・学級や家庭での実際の行動観察等も必要な場合があることには留意が必要である。

2．知的障害教育の実際

(1) 障害特性を踏まえた教育的対応の基本

　知的障害のある児童生徒の教育にあたっては，知的障害の特徴や学習上の特性を踏まえた指導・支援を行うことが求められる。特に，知的障害の程度によ

っては，いわゆる検定教科書を用いた教科教育は困難なことも予想される，各学校現場においては，個々の児童生徒の実態に合わせた指導内容の変更・調整や指導環境の工夫を行うことが不可欠である。まさにオーダーメイドの教育ということにはなるが，やはり公教育である以上，一定の水準は担保されるべきである。文部科学省では，「特別支援学校学習指導要領解説　総則等編」(2009)において，知的障害のある児童生徒が有する学習上の特性を以下のように示している。

- 学習によって得た知識技能が断片的になりやすく，実際の生活の場で応用されにくい。
- 成功経験が少ないことなどにより，主体的に活動に取り組む意欲が十分に育っていないことがみられる。
- 抽象的な指導内容よりは，実際的・具体的な内容が効果的である。

また，これらの学習上の特性を踏まえた指導の基本的なポイントを以下のように示している。

1. 児童生徒の実態等に即した指導内容を選択・組織する。
2. 児童生徒の実態等に即した規則的でまとまりのある学校生活が送れるようにする。
3. 社会生活能力の育成を教育の中心的な目標とし，身辺生活・社会生活に必要な知識，技能及び態度が身に付くよう指導する。
4. 職業教育を重視し，将来の生活に必要な基礎的な知識や技能を育つようにする。
5. 生活に結びついた実際的で具体的な活動を学習活動の中心にすえ，実際的な状況下で指導する。
6. 生活の課題に沿った多様な生活経験を通して，日々の生活の質が高まるように指導する。
7. 教材・教具等を児童生徒の興味・関心の引くものにし，目的が達成しやすいように段階的な指導を工夫するなどして，学習活動への意欲が育つように指導する。
8. できる限り成功経験を多くするとともに，自発的・自主的活動を大切にし，主体的活動を助長する。

> 9．児童生徒一人一人が集団の中で役割を得て，その活動を遂行できるよう工夫
> するとともに，発達の不均衡な面や障害への個別的な対応を徹底する。

　これらのポイントは，知的障害のある児童生徒が有する記憶保持に関わる困難さ，抽象的な思考・操作の困難さ等を踏まえた上で，学校卒業後の将来的な社会参加や自立に資するための実用的な知識や技能を，個々の児童生徒の学びのペースに合わせて習得させることに重点を置いている。また，新しい知識や経験が，学ぶことの楽しさやわかることのうれしさを伴って積み重ねられていくことが，児童生徒の成長の原動力となっていくことが理想である。

(2) 連続性のある学びの場

　知的障害のある子どもの教育の場は，一人一人の子どもの教育的ニーズに応じて，「特別支援学校」「特別支援学級」「通常の学級」という3つの場が設定されている。各学校の教育内容の具体について，文部科学省では「特別支援学校」と「特別支援学級」での教育を以下のように説明している。

①　特別支援学校

　特別支援学校では，知的障害の子どもたちのための教科の内容を中心にした教育課程を編成し，一人一人の言語面，運動面，知識面等の発達の状態や社会性等を十分把握した上で，生活に役立つ内容を実際の体験を重視しながら，個に応じた指導や少人数の集団で指導を進めている。

　小学部では，基本的な生活習慣や日常生活に必要な言葉の指導等，中学部では，それらを一層発展させるとともに，集団生活や円滑な対人関係，職業生活についての基礎的な事柄の指導等が行われている。高等部においては，家庭生活，職業生活，社会生活に必要な知識，技能，態度等の指導を中心とし，例えば，木工，農園芸，食品加工，ビルクリーニング等の作業学習を実施し，特に職業教育の充実を図っている。

②　特別支援学級

　必要に応じて特別支援学校の教育内容等を参考にしながら，小集団の中で，個に応じた生活に役立つ内容が指導されている。小学校では，体力づくりや基

本的な生活習慣の確立，日常生活に必要な言語や数量，生活技能等の指導を実施している。また，中学校では，それらをさらに充実させるとともに，社会生活や職業生活に必要な知識や技能等を指導している。

③ 通常の学級

知的障害の原因として「生理的要因」について説明した項でも触れたが，知的障害の程度がより軽度の児童生徒の多くは，本人あるいは保護者もそうとは気付かないまま，通常の学級で学んでいることが予想される。いわゆる「勉強ができない子ども」あるいは学力不振児として，学習上あるいは生活上の困難を抱えたまま日々苦悩している可能性がある。このような児童生徒に対しては，できるだけ早期に支援を開始することが学力不振や二次的な不適応問題を予防する観点からも重要であり，そのためには，早期に個々の実態を適切に把握し，その特性に合わせた指導や支援を展開することが求められる。その際，特別支援学校の学習指導要領で示されているような指導の方向性，特別な教育課程等の具体を参考にしつつ，授業づくりや教材教具の工夫，指導環境の整備に取り組むことも必要である。そうした一斉指導が中心の通常の学級に可能な範囲での取り組みを行ってもなお十分な教育効果しか得られない場合には，特別支援学級や特別支援学校での個別的な指導・支援へと移行することも視野に入れつつ，本人・保護者と建設的な話し合いを続けていくことが重要となるだろう。

(3) 知的障害の教育課程の特徴

主に特別支援学校では，学習指導要領に基づいた"特別な教育課程"を編成して指導・支援を行うことが可能とされている。特別支援学校の教育は，通常の小中学校に「準ずる教育」を行うことが学校教育法に明記されており，各教科（小学部では，国語，算数，音楽，図画工作，体育等），道徳，特別活動に自立活動を加えて教育課程が編成されることになっている（「道徳」は平成30年度より教科化）。ただし，児童生徒の障害の程度や実態が個々に大きく異なり，必ずしも学年相当の学習が適切ではない場合もあるため，学習指導要領では各教科の内容を学年別ではなく，小学部は３段階，中学部は１段階（平成30年度より順次施

行される新学習指導要領では2段階を設定）、高等部は2段階（主として専門学科において開設される教科は1段階）で示しており、下記のとおりである。

○小学部1段階：教師の直接的な援助を受けながら、児童が体験したり、基本的な行動の一つ一つを着実に身につけたりすることをねらいとする内容

○小学部2段階：教師からの言葉掛けによる援助を受けたり、教師が示した動作や動きを模倣したりするなどして児童が基本的な行動を身につけることをねらいとする内容

○小学部3段階：児童が主体的に活動に取り組み、社会生活につながる行動を身につけることをねらいとする内容

なお、新学習指導要領では、以下のように中学部の指導内容が2段階に設定され、より充実したものとなるよう示されている。

○小学部1段階：この段階では知的発達が極めて未分化であり、認知面での発達も十分でないことや、生活経験の積み重ねが難しいことなどから、主として教師の直接的な援助を受けながら、児童が体験したり、基本的な行動の一つ一つを着実に身につけたりすることをねらいとする内容

○小学部2段階：1段階を踏まえ主として教師からの言葉掛けによる援助を受けたり、教師が示した動作や動きを模倣したりするなどして、児童が基本的な行動を身につけることをねらいとする内容

○小学部3段階：2段階を踏まえ、主として児童が自ら主体的に活動に取り組み、将来的な社会生活につながる行動を身につけることをねらいとする内容

○中学部1段階：小学部3段階を踏まえ、生活年齢に応じながら、主として経験の積み重ねを重視するとともに、他人との意思疎通や日常生活への適応に困難が大きい生徒にも配慮した内容で、主として生徒が自ら主体的に活動に取り組み、日常生活や社会生活の基礎を育てることをねらいとする内容

○中学部2段階：中学部1段階を踏まえ、生徒の日常生活や社会生活及び将来の職業生活の基礎を育てることをねらいとする内容で、主として生徒が自ら主体的に活動に取り組み、将来の職業生活を見据えた力を身につけることをねらいとする内容

○高等部1段階：中学部段階を踏まえ、卒業後の家庭生活・社会生活・職業生活などを考慮した基礎的な内容

○高等部2段階：高等部1段階の内容の発展的内容（高等部専門教科については1段階）

　また，特に知的障害のある児童生徒を対象とした特別支援学校等においては，児童生徒の発達段階や経験等を踏まえて，実生活に結びついた内容を中心に授業を構成することが主流となっており，「各教科・領域を合わせた指導」を行うことが特徴である。「教科・領域を合わせた指導」には以下のような4つの指導がある。

①　日常生活の指導

　日常生活の指導では，生活科の内容だけでなく，いろいろな領域や教科に関わる広範囲の内容が扱われる。日常生活の指導の本質的な性格の一つは，生活の流れに沿って，実際的な状況下で指導を行うところにある。例えば，衣服の着脱や洗面，清潔，排泄，食事等の基本的生活習慣を指導したり，挨拶，言葉遣い，時間や約束を守ること等の集団参加に関わる内容を指導したりする。

②　遊びの指導

　遊びの指導では，遊びを学習活動の中心に据えて身体活動を活発にし，仲間との関わりを促し，意欲的な活動を育てていく。各教科の内容をはじめ，道徳，特別活動及び自立活動の内容が含まれている。また，教員が児童に遊び方を教え込む指導ではなく，児童の主体的な活動を支える指導であることが重要である。例えば，遊具等を使った遊びやサーキット遊び，アスレチックコース遊び等のある程度系統だった集団遊びを行ったり，模倣遊びやごっこ遊び，乗り物遊び，リズム遊び，童歌遊び等の個別的な関係性を中心にした遊びを行ったりする。

③　生活単元学習

　生活単元学習では，「生きる力」を身につけるために必要な事柄を実際的・総合的に学習する形態であり，児童生徒が生活上の課題処理や問題解決のための一連の目的活動を組織的に経験することによって，自立的な生活に必要な事柄を実際的・総合的に学習する。学習活動は生活的な目標や課題に沿って組織されており，児童生徒が主体的に活動できているか，楽しみながら取り組むこ

とができているか，問題解決する場面が設定されているか等が大切な要素となる。例えば，運動会や学校祭，学習発表会等の学校・学級行事を中心として学習を展開する"行事単元"や，七夕，クリスマス，お正月等の季節の生活を中心として学習を展開する"季節単元"等が代表的な例である。

④　作業学習

作業学習では，作業活動を学習活動の中心に据え，働く意欲を培い，将来の職業生活や社会自立を目指して総合的に学習し，生活する力を高めることを目的としている。作業学習のねらいは，卒業後の職業生活（社会生活）を送るために必要な職業観，意欲及び能力を育成することであり，内容や集団構成，作

表1　宮城教育大学附属特別支援学校 小学部・中学部・高等部の時間割

小学部「時間割」

時　間	月	火	水	木	金
	登校				
8:40	日常生活の指導				
9:30	（荷物の整理，着替え，朝の会など）				
9:30	体育（朝の運動）			集会	
10:10	休み時間				
10:20	生活単元学習／遊びの指導				
11:00	休み時間				
11:10	課題学習			特別活動	
11:50	（自立活動の時間）			（学級タイム）	
13:00	日常生活の指導（給食・歯磨き）				
13:30	昼休み		日常生活の指導	昼休み	
13:30	特別活動／外国語活動	特別活動（学級タイム）	昼休み	音楽	日常生活の指導（清掃／荷物整理）
14:10	日常生活の指導（着替え，帰りの会）			日常生活の指導（着替え，帰りの会）	
14:30					
下校時刻	14:30	14:30	13:30	14:30	14:30

中学部「時間割」

時　間	月	火	水	木	金
	登校				
8:40	日常生活の指導（朝の活動）				
9:30	保健体育（朝の運動）	音楽	保健体育（朝の運動）	音楽	特別活動
10:00					
10:10	課題学習				
10:55	（自立活動の時間）				
11:00	作業学習／生活単元学習／職業・家庭／総合的な学習の時間				
12:15					
13:00	日常生活の指導（給食・歯磨き）				
13:30	昼休み		日常生活の指導（帰りの活動）	昼休み	
13:30	日常生活の指導（帰りの活動）	保健体育		保健体育	日常生活の指導（帰りの活動）
14:30		日常生活の指導（帰りの活動）		日常生活の指導（帰りの活動）	
15:30					
下校時刻	14:30	15:30	13:30	15:30	14:30

高等部「時間割」

時　間	月	火	水	木	金
	登校				
8:40	日常生活の指導（朝の活動）				
9:15					
9:20	課題学習（自立活動の時間）	課題学習／生活単元学習（外国語）	課題学習（自立活動の時間）	特別活動	
9:55					
10:00	保健体育（朝の運動）		（保健／特別活動）	音楽	
10:25					
10:40	作業学習／生活単元学習／職業・家庭				
11:25					
11:35	作業学習／生活単元学習／職業・家庭				
12:15					
13:10	日常生活の指導（給食指導）				
13:10	昼休み	昼休み	日常生活の指導（帰りの活動）	昼休み	昼休み
13:40					
14:10	音楽	総合的な学習の時間（選択学習）		作業学習／生活単元学習／職業・家庭	保健体育
14:30	日常生活の指導（帰りの活動）				日常生活の指導（清掃，帰りの活動）
14:30		日常生活の指導（清掃，帰りの活動）		日常生活の指導（帰りの活動）	
15:30					
下校時刻	14:30	15:30	13:30	15:30	14:30

業種目等は児童生徒の障害の状況等に応じて設定することが必要である。例えば，クリーニングの機器を操作する，介護ヘルパーの資格を取る等の就労に直結した能力を育成する場合もあれば，指示を理解する，働く態度や基礎的な技能を身につける等の基礎的な能力を育成して多様な職種に対応できるように指導する。

　上記のように知的障害教育では，教科別の指導，領域別の指導，教科・領域をあわせた指導等，これらの特別な教育課程を編成することによって，児童生徒の実態に合わせた具体的な指導内容の設定が可能となっている。具体的な一例（宮城教育大学附属特別支援学校の時間割）として，前のページの表1に示すような時間割編成が考えられる。指導内容の積み上げや児童生徒の生活リズムの中での連続性・一貫性を重視した編成で，各曜日を通した同一時間帯に同一内容を設定した時間割が多く取り入れられていることが，知的障害教育の特徴でもある。

3．知的障害教育の展望と課題

　近年，知的障害教育に対するニーズが高まっており，特別支援学校・学級では在籍児童生徒数が年々増加する傾向にある。そのため，教室環境が不足し狭隘化が進んでいる等の課題が浮上してきている。

　この問題の背景には，学校教育卒業後の就労をめぐる社会情勢の変化も一因と考えられ，例えば，通常教育においては高学歴化が進んでおり，大学等の高等教育機関を卒業してもなお就労が困難という現状もある。終身雇用の常識が崩れ，非正規雇用労働者やいわゆる「ニート」等も増加しており，さまざまな理由で離職する者も増加している。こうした状況の中，自分の適性に合った就労先や仕事内容を適切に選択できることが，ますます重要な能力ともなりつつある。

　そのため，小中学校を通常の学級あるいは特別支援学級で過ごしてきた生徒が，制度上，特別支援学級の設置がない高等学校ではなく，特別支援学校の高

等部へ進学する事例も増えてきている。また，もちろん特別支援学校の小〜中学部で指導を受けてきた生徒が高等部へ進学する率も増加している。特に，特別支援学校の高等部では就労のための知識や技能を身につけるための教育課程が充実していることもあり，いわゆる軽度の知的障害や発達障害のある生徒が進学を希望する事例が増えている。その結果，知的障害教育の現場においては，在籍生徒の教育的ニーズに応じた指導内容の二極化が大きな課題となっており，従来からの重度の知的障害のある児童生徒を中心とした教育課程の編成だけでは不足する現状がある。特に，発達障害のある生徒においては，日常生活上の基礎的な能力や態度は形成されており，むしろ，生徒指導上の課題をより重視した指導も求められることがある。

　こうした社会情勢の変化や知的障害教育の抱える今日的課題に対応する上で，特に重視されているのが「キャリア教育」である。一般的に，キャリア教育とは「キャリア概念に基づき，児童生徒一人一人のキャリア発達を支援し，それぞれにふさわしいキャリアを形成していくために必要な意欲・態度や能力を育てる教育」であり，「端的には児童生徒一人一人の勤労観，職業観を育てる教育」であるとされる。中央教育審議会の答申「今後の学校におけるキャリア教育・職業教育の在り方について」（平成23年）では，「学校教育のすべての段階で，児童生徒個々の学習や経験を自ら『意味付け・価値付け』したり，『関連付け』したりできるように，主体的な学習活動を重視した組織的・系統的な教育課程編成の在り方について検討し改善することが重要である」と指摘されている。

　このように，非正規雇用労働者や離職者が増加している現状を踏まえ，その改善を視野に入れた「キャリア教育」の重要性が通常の学校においても重視されるようになっており，こうした文脈の中で，知的障害教育においても，学校卒業後の社会参加や自立を見据えた，小学部段階から高等部段階までの指導・支援をより一層系統だったものにしていく必要があるだろう。人生80年といわれる現代において，学校教育で過ごす時間は長くても20年程度であり，卒後の50〜60年をどのように充実させていくかがたいへん重要な課題である。知的障害のある児童生徒では，学習上の特性の項でも触れたように，さまざまな知識

や技能が身につくまでに長期にわたる，繰り返しの指導・支援による積み重ねが求められる。そのため，知的障害の学校教育現場においても，卒業後の社会参加や自立を視野に入れつつ，児童生徒に学校教育を過ごす間に，どのような知識や技能を身につけさせていくかについて，学部間を超えた，あるいはまた多職種・他機関との連携のもとで再検討する必要に迫られているのである。

4．学習指導要領等の改訂の要点

(1) 知的障害のある児童生徒のための各教科の改善と充実

平成29年4月に公示された「特別支援学校小学部・中学部学習指導要領」では，特に知的障害のある児童生徒のための教育内容等の改善事項が大きく取り上げられている。「学びの連続性」を重視した対応が求められており，特に「知的障害者である子供のための各教科等の目標や内容等について，育成を目指す資質・能力の三つの柱に基づき整理」すること，その際に「各部や各段階，幼稚園・小中学校とのつながりに留意する」こと等が重要であると指摘している。

その具体として，①中学部に2つの段階を新設すること，小・中学部の各段階にこれまでなかった目標を設定するとともに，段階ごとの内容を充実すること等が示されている。また，②小学部の教育課程に外国語活動を設けることができること等も示されている。さらに，③知的障害の程度や学習状況等の個人差が大きいことを踏まえ，特に必要がある場合には，個別の指導計画に基づき，相当する学校段階までの小学校等の学習指導要領の各教科の目標及び内容を参考に指導できることが示されている。

(2) 「学びの連続性」を意識した教育課程

こうした学習指導要領の改訂によって，通常の教育と知的障害教育との連続性を図ることが意図されている。小学校等で学んできた知的障害のある児童生

徒が特別支援学校に転学した場合，あるいは逆に，特別支援学校で学んできた児童生徒が通常の学校にある特別支援学級や通常の学級に転学した場合等を想定し，前籍校から引き継いだ個別の指導計画や個別の教育支援計画をもとにした，一貫性のある指導や支援，評価を可能とするための仕組みづくりとなっている。特に，特別支援学校で知的障害教育を受けている児童生徒はその実態が多様であるため，児童生徒によっては小学校等の学習指導要領の目標や内容を参考に指導できることまで示されている意義は大きい。

　また，知的障害教育では学習指導要領の改訂を受けて，第2節で示した「各教科等を合わせた指導」（「日常生活の指導」「遊びの指導」「生活単元学習」「作業学習」の4つ）を行う場合においても，各教科の目標及び段階の目標を踏まえて，どのような資質・能力を育成するかの位置づけや小学校等の各教科の目標や内容との関連性を意識して整理し，それらを個別の指導計画等に反映させていくことが必要となる。そして，こうした取り組みを効果的に実施していくことができるよう，カリキュラム・マネジメントの視点に基づいたPDCAサイクルを確立していくことも求められている。

〈参考・引用文献〉
AAIDD（米国知的・発達障害協会）（2012）『知的障害　定義，分類および支援体系　第11版』日本発達障害福祉連盟
全国特別支援学校知的障害教育校長会編（2010）『新しい教育課程と学習活動Q&A』東洋館出版社
田中新正・古賀精治（2013）『障害児・障害者心理学特論』（放送大学大学院教材），NHK出版
中央教育審議会（2011）「今後の学校におけるキャリア教育・職業教育の在り方について（答申）」
特別支援教育研究編集委員会（2017）「知的障害のある児童生徒のための各教科の改善・充実の方向性」『特別支援教育研究』3月号，東洋館出版社
独立行政法人　国立特別支援教育総合研究所（2015）『特別支援教育の基礎・基本　新訂版』ジアース教育新社
文部科学省（2009）「特別支援学校学習指導要領解説　総則等編」（幼稚部・小学部・中学部）
文部科学省（2009）「特別支援学校学習指導要領解説　総則等編」（高等部）
文部科学省「特別支援教育について　（3）知的障害教育」
　　http://www.mext.go.jp/a_menu/shotou/tokubetu/004/003.htm（アクセス日，2017-10-18）
渡辺徹代表・宮城教育大学特別支援教育総合研究センター編（2005）『特別支援教育への招待』教育出版

5章

肢体不自由児(重度・重複障害児を含む)の理解と支援

　本章では，運動機能の障害，いわゆる手足の不自由さのある「肢体不自由児」について，今日の特別支援教育における実態や教育・支援のニーズについて解説する。また，肢体不自由特別支援学校においては，複数の障害をあわせもつ，いわゆる「障害の重い」子どもの割合が統計的に多いことが特徴の一つである。そこで，重度・重複障害のある子どもについても，あわせて本章で解説を行う。

1．肢体不自由とは

(1) 肢体不自由の定義

　肢体不自由とは，発生原因を問わず，四肢と体幹に永続的な障害がある状態をいう。四肢とは両手足，体幹とは腰から頸部までの上半身（ただし，心臓や肺等の内臓に関する部分を除く）を指している。肢体不自由と同義の言葉として，運動障害という語も用いられる。

　「運動障害」という語が運動機能の障害であることを客観的に示した語であるのに対し，「肢体不自由」という語は，「自分たちは単に体の一部（「肢体」）が意のままにならない（「不自由な」）だけで，何も劣っているわけではない」という当事者の思いや主観に基づく造語である。この言葉は，肢体不自由のある人について，外見的な特徴から「不完全な」ものとして捉えた差別的な呼称が多く用いられていた時代に，整形外科医であった高木憲次が，機能的な状態を正確に表現することを意図して提唱したとされている。そのような背景から，現在でも教育や福祉の領域では一般的に「肢体不自由」という語が使用されることが多い。

(2) 肢体不自由の範囲と程度

　肢体不自由の状態像は部位や程度によってさまざまであるが，大別すると各部位の欠損等の形態的な障害によるものと，脳及び中枢神経系や筋肉に起因する運動機能の障害によるものとがある。福祉領域における障害の範囲や程度の基準としては，身体障害者福祉法施行規則別表第5号に詳細な等級が示されており，①上肢，②下肢，③体幹の各部位，及び「乳幼児期以前の非進行性の脳病変による運動機能障害」の④上肢機能，⑤移動機能という5つのカテゴリーで判定される。①～③に関しては，障害のある，または欠損した部位の範囲や各部位の機能障害の程度等が基準として示されている。④及び⑤については，日常生活動作（上肢を使う動作や歩行等）の遂行状況等が基準とされている。

　学校教育においては，就学先の決定に関連して，いわゆる「就学基準」等の障害の程度が規定されている。就学先の決定に際して，市町村教育委員会は障害の状態や，教育的ニーズ，本人・保護者の意見，学校や地域の状況等を勘案して就学先を総合的に判断することが求められており，以下の基準はその際の判断材料の一つとして位置づけられる。

　肢体不自由について，教育的な基準では，障害のある部位や運動機能の程度に関して医学的に明確な線引きを行うのではなく，肢体不自由があることで，学校生活上どの程度困難が生じうるのか，どの程度学習に参加できるのかといった点が重視されていることがわかる。とりわけ，インクルーシブ教育が推進される今日においては，一定程度重い肢体不自由のある子どもが，特別支援教育支援員等の人的サポートも含めて，学校においてさまざまな支援や配慮を受けながら通常の学級に在籍するケースも増えてきている。

　① **特別支援学校**（学校教育法施行令第22条の3）
　　「1　肢体不自由の状態が補装具の使用によっても歩行，筆記等日常生活
　　　　における基本的な動作が不可能または困難な程度のもの。
　　　2　肢体不自由の状態が前号に掲げる程度に達しないもののうち，常時
　　　　の医学的観察指導を必要とする程度のもの」

② **特別支援学級**（平成25年10月4日付け文部科学省通知：25文科初第756号）

「補装具によっても歩行や筆記等日常生活における基本的な動作に軽度の困難がある程度のもの」

③ **通級による指導**（同通知）（肢体不自由と病弱・身体虚弱についてはあわせて記載）

「肢体不自由，病弱又は身体虚弱の程度が，通常の学級での学習におおむね参加でき，一部特別な指導を必要とする程度のもの」

後述するが，肢体不自由特別支援学校に在籍する児童生徒については，知的障害をあわせもつ者の割合が高いことがデータから示されている。また，本人の意図と一致しない不随意的な運動が他者にとって“異様な動き”という印象をもたらしたり，流暢な発話等のコミュニケーション手段の制限につながったりすること等から，「肢体不自由＝手足の不自由さと知的障害をあわせもつ」といった誤解が生じやすいとされる。上記のとおり，肢体不自由とはあくまでも運動機能の状態によってのみ判定がなされる障害であることに注意する必要がある。

(3) 肢体不自由児の分類と代表的疾患

① 肢体不自由特別支援学校に在籍する児童生徒の実態

1) 病因別割合

平成27年度の調査（全国特別支援学校肢体不自由教育校長会，2015）によると，全国の肢体不自由特別支援学校に在籍する児童生徒の肢体不自由の原因では，脳性麻痺や脳外傷後遺症等の「脳性疾患」が69.4％と最も多く，次いで，進行性筋ジストロフィー等の「筋原性疾患」（4.4％），二分脊椎等の「脊椎脊髄疾患」（3.4％）等の割合が高い。個々の診断名で見ても，特に脳性麻痺は全体の36.9％とその割合は極めて高い。その他，個別の診断名で見ると，進行性筋ジストロフィー（3.0％），二分脊椎（2.3％）等が多い。

同調査では，何らかの医療的ケアを必要としている児童生徒の割合が全体の約30％にのぼることも示されている。実施している児童生徒数が多い医療的ケアの種類は，口腔内・鼻腔内吸引，気管内吸引，胃ろう，経鼻経管栄養，気管

切開部の管理等である。

2) 肢体不自由教育の対象となる児童生徒数

　上述の平成27年度児童生徒病因別調査によると，肢体不自由特別支援学校及び併置校の肢体不自由部門に在籍する児童生徒数は18,579人（238校）である。学校種ごとに集計が行われていた平成18年度までの肢体不自由特別支援学校在籍児童生徒数の推移（文部科学省，2015）を見ると，近年は概ね18,000人台で推移しており，5領域の障害種の中では知的障害に次いで2番目に児童生徒数が多い。

　平成27年度特別支援教育資料（文部科学省，2016）によると，全国の肢体不自由特別支援学級に在籍する児童生徒数は4,372人（小学校3,286人，中学校1,086人）であり，知的障害，自閉症・情緒障害に次いで3番目に児童生徒数が多い領域である。通級による指導の対象となっている児童生徒数は68人（小学校61人，中学校7人）のみであり，病弱・身体虚弱に次いで2番目に児童生徒数が少ない。また，同資料では，学校教育法施行令第22条の3に該当する，一定程度障害の重い児童生徒に限っても，小学校で355人，中学校で161人，通常の学級に肢体不自由児が在籍していることが示されている。より障害の軽度な肢体不自由児を含めると相当数が通常の学級に在籍しており，今後さらに増加すると推測されるため，通常の学校内での肢体不自由教育の充実がさらに求められている。

3) 重複障害学級在籍率

　平成27年度特別支援教育資料（文部科学省，2016）によると，肢体不自由特別支援学校における重複障害学級在籍率は小・中学部は56.0％，高等部では34.4％と5領域の中で最も高い。肢体不自由領域単一の支援学校に限ってみると，小・中・高等部を合わせて79.4％であり，障害の重い子どもへの教育の充実は肢体不自由教育における大きな課題の一つである。また，それに伴い，上述のように医療的ケアのニーズも高くなっている。

②　脳性麻痺について

　脳性麻痺について，厚生省（1968）は「受胎から新生児期（生後4週間以内）

までの間に生じた脳の非進行性病変に基づく永続的なしかし変化しうる運動および姿勢の異常である。その症状は満2歳までに発現する。進行性疾患や一過性運動障害または将来正常化するであろうと思われる運動発達遅滞は除外する」と定義している。

　その原因は極めて多様であり，原因が不明なケースも多いとされるが，一般的には以下のように脳の病変が生じる時期によって3期に大別して示される。

　1）胎生期：胎内感染や脳形成異常等

　2）周産期：低出生体重児の脳室周囲白質軟化症や新生児仮死等

　3）出生後：脳炎や髄膜炎等

　また，脳性麻痺は，運動障害の質と分布（部位）によって類型化して示されることが多い。運動障害の現れ方の質による分類としては，手足の強い突っ張りや硬直が特徴的な「痙直型」や，本人の意図と一致しない不随意的な運動を特徴とする「アテトーゼ型」，複数の特徴をあわせもつ「混合型」等に分けられる。運動障害が現れている部位による分類としては，四肢体幹全体に重い障害のある「四肢麻痺」，主に両側下肢の障害が重く，体幹や上肢にも一定の麻痺が示される「両麻痺」，ある部位より下（特に下肢）に重い障害があり，上肢には障害がない状態を示す「対麻痺」，左右どちらかの半身の上下肢に障害がある「片麻痺」等がある。

　さらに，脳の病変が生じた部位によって，脳性麻痺児・者の多くは肢体不自由のほかに知的障害，てんかん，言語障害（主に発声・構音障害），聴覚障害，視知覚障害等の障害をあわせもつ場合も多いとされる。このように，脳性麻痺とは極めて幅広い状態像を包含する「症候群」としての性質をもつ名称であり，単一の疾患を示すものではないことに注意する必要がある。

2．肢体不自由児教育の実際

(1) 肢体不自由教育における教育の場と教育内容

①　肢体不自由特別支援学校

特別支援学校では，一般的に以下のような4種類の教育課程の類型（パターン）が用いられ，個々の児童生徒の実態に応じた教育が行われている。

1) 準ずる教育課程：原則的に通常の学校と同じ内容を扱う。
2) 下学年・下学部適用の教育課程：当該学年よりも下の学年や学部の各教科の内容を主に扱う。
3) 知的代替の教育課程：知的障害特別支援学校の各教科を主に扱う。いわゆる各教科等を合わせた指導が中心となる。
4) 自立活動を主とする教育課程：主に自立活動の指導を行う。

　国立特殊教育総合研究所（2003）の調査によると，肢体不自由養護学校（当時）において，各教育課程の類型で学ぶ児童生徒の割合は自立活動を主とする教育課程が46.9％と最も高く，次いで知的代替の教育課程が31.2％と高かった。5領域全体での自立活動を主とする教育課程で学ぶ子どもの割合が20.8％だったことからも，肢体不自由領域において自立活動の指導に対するニーズがとりわけ高かったことがわかる。現在も，上述のとおり，肢体不自由の特別支援学校においては児童生徒の重複障害学級在籍率の高さが特徴である。そのため，多くの児童生徒にとっては，教科書等を用いた一斉の教科学習よりも，個々の実態に即した指導内容が扱われる自立活動の指導に対するニーズが高いといえる。

　中井・高野（2011）の調査では，全国の肢体不自由特別支援学校における自立活動の指導の中で，「身体の動き」や「コミュニケーション」に関する指導が多く行われていたということが示されている。運動機能の障害がある児童生

徒を対象とする肢体不自由教育においては，やはり「身体の動き」に関する学習上または生活上の困難の改善・克服が自立活動における指導の目標となりやすいといえる。

　しかしながら，特に重度・重複障害児と呼ばれるような障害の重い子どもたちとの教育的関わりにおいては，とりわけ「身体の動き」に関する要素とそれ以外の区分に関する要素とが密接に関連していることに留意する必要がある。例えば，机の上の教材に手を伸ばすといった動作にアプローチする際にも，その背景として，どのように外界の状況を受容し理解しているのか（「環境の把握」），教員との基本的な信頼関係は築けているのか（「人間関係の形成」），手を伸ばしてほしいという教員の意図は伝わっているのか（「コミュニケーション」）といったさまざまな要素が関連し合っていることが考えられる。そのような動作の自発を促したい場合，教員は，ただただ子どもが動作を起こせたかどうかという点のみに着目するのではなく，それらの関連を認識し，多面的な実態把握を行った上で，適切な工夫や手立てを行っていく必要がある。

②　通常の学校

　特別支援学級に在籍する，または，通級による指導の対象となる児童生徒については，基本的に通常の小中学校の学習指導要領に基づきつつ，一部必要な場合に特別の教育課程を編成できることとなっている。肢体不自由のある子どもに対しては，その中で，「身体の動き」を中心とした自立活動の指導が主に取り扱われることになる。

　特別支援学級に在籍する肢体不自由のある子どもも，障害の程度や学校の状況等にもよるが，時間割の一部については，いわゆる交流学級において障害のない児童生徒と一緒に授業を受けるということも行われている。

　通常の学級に在籍する児童生徒は，基本的にはすべて他の児童生徒と同じ授業を受けるため，肢体不自由のある子どもと周囲の子どもとの関係性等を考慮した上で，「どのようにすれば肢体不自由のある子どもも含めてクラス全員が一緒に学べるのか」という視点で，個々の実態に即した指導内容や指導方法，環境面での支援や配慮を行っていくことが求められる。ただし，通常の学校で

は必ずしも肢体不自由教育に関する専門性の高い教員が担任となるわけではないため，これまで特別支援学校等で蓄積されてきたアイディアを応用する視点が重要であると思われる。

　例えば座学では，鉛筆や定規，ハサミや教科書等の教材・教具の使用に関わる困難を軽減させる補助具（市販の物から手作りの物まで）の活用や，指導方法の工夫（上肢に障害のある子どもへの配慮から，ワークシートを活用して板書をノートに写す作業を減らす方法等）等の具体的な手立てが多くの学校で用いられている。また，肢体不自由のある子どもに対して，見学や別内容の指導といった対応も行われやすい体育等の実技教科であっても，さまざまな道具や環境の整備，特別支援教育支援員の配置等により，個々の実態に応じた参加の可能性が示されてきている。指導内容に関しても，例えば，宮城県立拓桃支援学校では，障害の有無や程度にかかわらず，さまざまな児童生徒が一緒に参加可能なルールの工夫等を行ったいわゆる「アダプテッドスポーツ」ともいえる競技を考案し，「拓桃スポーツ集」として公表している。今後さらに高まり得る通常の学校における肢体不自由教育のニーズに対応するためには，このような知見を活用して個々の実態に即して適用していく視点が不可欠である。

　ただし，子どもによっては医療的ケアの必要性や，手足の可動域や姿勢に関する制限等への配慮が欠かせないケースもあるため，医療等の外部専門家との情報共有を行いながら安全面，健康面に配慮した指導及び，支援や配慮を行っていくことも忘れてはならない。特に肢体不自由のある子どもに関しては，主治医に加えて理学療法士（PT）や作業療法士（OT）との連携が重要となるケースが多い。

(2) 肢体不自由のある子どもの特性と困難の理解に基づく支援の考え方

　筑波大学附属桐が丘特別支援学校（2008）は，脳性麻痺児に見られる障害特性がもたらす学習上の困難として，①肢体不自由（動作の困難さ等）がもたらす難しさ，②感覚や認知がもたらす難しさ，③経験や体験の不足がもたらす難しさ，の3点をあげている。

①については，例えばグリップが太い鉛筆，片手で使えるハサミ，天板の広い机等，さまざまな補助具や個に応じた教材・教具を活用すること，また，ワークシートの活用や，作業時間にゆとりをもたせて授業をデザインするといった教育方法や内容の工夫等の支援や配慮は比較的容易に想起しやすいかもしれない。

　しかし，②や③のような特性は，目に見えている「肢体不自由」からは直接的には想起されにくいものであるため，教員は，児童生徒が示している学習上，生活上のつまずきの背景に，それらの困難が存在し得ることを知っておくことが重要である。

　②は，特に視覚認知の問題が生じ得ることが知られており，図と地の知覚障害や，知覚の固さ等，いわゆる「見えにくさ」が生じ得るとされている。知能検査の結果等からも，全般的に視覚的な処理よりも聴覚的な処理が優位で，絵や図の理解や操作が難しいが言葉による理解は得意といった傾向を示す一群が存在すること等も指摘されている。視覚認知の問題は，学習においては，図や表，資料等を読み取りずらい，図形を正しく捉えられない，字形を整えて書けない，教科書を正しく読めない（行飛ばし等），といったかたちで顕在化することが考えられる。これらは脳の病変に起因する困難であるため，適切な支援や配慮が必要であり，「視覚的なイメージで全体像を捉えるより，言語化して順序立てて捉える方が得意」といった認知特性に配慮した教育方法の工夫が必要である。また，『「親」という漢字は「"木"の上に"立"って子どもを"見"ている」』等の，言語化して記憶したり物事を整理したりする課題解決の方略を子ども自身が身につけられるような支援の在り方も重要である。

　③は，特に実技教科において体験に基づいた理解の不足が生じることは容易に想起し得るが，日常生活におけるさまざまな経験・体験不足が，興味や関心の狭さ，積極性の乏しさといった傾向につながり得ることや，学習内容を生活場面で活用できないことによる定着の難しさが生じ得ること等が指摘されている。また，経験・体験不足と関連して，肢体不自由児の中にはコミュニケーションや社会性といった側面でも難しさを抱えているケースもある。支援や配慮

としては，具体物を扱ったり，代替手段を用いて体験活動を行ったりという教育方法の工夫に加えて，適切なコミュニケーションの手段やスキルを身につけさせるようなアプローチを行うこと等も考えられる。

　以上のように，肢体不自由のある子どもの障害は，姿勢や運動という運動面だけの困難にとどまらず，認知面や社会性，コミュニケーション面といった発達上の他の側面と密接に関連しており，学習面（学力）においても，大きな影響を及ぼし得る。したがって，肢体不自由のある子どもへの指導や支援においては，顕在的な障害への対応だけでなく，個々の児童生徒が示している状況を丁寧に把握し，困難の背景として，それらの関連を認識した上で，個に応じた具体的な内容を検討していくことが必要である。

3．重度・重複障害とは

(1) 重度・重複障害の定義

　1975（昭和50）年に「特殊教育の改善に対する調査研究会」が文部省（現・文部科学省）に報告した文書（会長：辻村泰男）のタイトルに「重度・重複障害児」という言葉が使用され，これ以降学校教育では，この名称が通常使われている。重複障害とは，視覚障害，聴覚障害，知的障害，運動障害あるいは病弱等を2つ以上あわせ有している状態を指し，重度・重複障害とは，この重複障害のほかに，発達的側面からみて「精神発達の遅れが著しく，ほとんど言語を持たず，自他の意思の交換及び環境への適応が著しく困難であって，日常生活において常時介護を必要とする程度」の者，行動的側面からみて，「破壊的行動，多動傾向，異常な習慣，自傷行為，自閉性，その他の問題行動が著しく，常時介護を必要とする程度」の者を加えて考えられている。

　また医療や福祉の中では，「重症心身障害児」という言葉が用いられることも多い。この用語は，重度の知的障害及び重度の肢体不自由が重複している場合を指すとされている。1966（昭和41）年に，当時の文部省研究班「重症心身

障害児の系統的研究」が「身体的精神的障害が重複し，かつそれぞれ重度であるものをいう。その知的障害の程度は重度ないし中度に相当し，身体障害は高度でほとんど有用の動作をなし得ず，相まって家庭内療育が困難な事はもとより，知的障害児施設においても集団生活指導の不可能なものである」と定義している。これは，医学的診断名ではなく，児童福祉での行政上の措置を行うための定義（呼び方）である。その判定基準は，国は明確に示していないが，現在では，大島の分類という方法により判定するのが一般的である。重症心身障害児（者）の数は，日本ではおよそ43,000人いると推定されている。

特別支援学校に在籍する子どもにおいて，障害の重度・重複化，多様化が進んできている。特に最近の特徴として生命維持をする上で，日常的に濃厚な医療介護を必要とするような極めて重度の障害のある子どもたちが増えてきており，「超重症児」という名称も用いられるようになってきている。これは，運動機能の制限において，寝たきりから座位までに限定し，次に，医療介護の要求度については，呼吸管理，食事機能，その他の各項目に分類して得点をつけ，6か月以上継続する状態の場合に，その該当する項目の合計得点が15点〜24点までを「準超重症児」，25点以上を「超重症児」としている。ここでは，知的機能あるいは脳機能障害の程度に関する項目は判定基準にはない。

また，重複障害の中でも特に視覚と聴覚の両方が障害されている場合に，これらの状態にある子どもは「視覚聴覚二重障害児」「盲ろう児」と呼ばれ，その独自の教育的ニーズへの対応が求められている。

この障害はさまざまな要因によって発症する。代表的なものに低酸素症や仮死といった原因がある。原因不明の出生前原因も多く，次いで髄膜炎・脳炎の後遺症，低出生体重等があり，多くは胎生期周産期の障害に基づく重度の脳障害といわれている。近年は，新生児医療技術の進歩による救命率が上昇してきており，新たな状態像も出現してきている。

注：大島の分類…元東京都立府中療育センター院長大島一良博士により考案された判定方法

					(IQ)
21	22	23	24	25	80 · 70
20	13	14	15	16	50
19	12	7	8	9	35
18	11	6	3	4	20
17	10	5	2	1	0
走れる	歩ける	歩行障害	座れる	寝たきり	

(1)　1，2，3，4の範囲に入るものが重症心身障害児。
(2)　5，6，7，8，9は重症心身障害児の定義にはあてはまりにくいが，①絶えず医学的管理下に置くべきもの，②障害の状態が進行的と思われるもの，③合併症があるもの，が多く，周辺児と呼ばれている。

4．重度・重複障害児教育の実際

(1) 状態像の把握と支援の在り方

　重度・重複障害児の状態像は一人一人によって異なっており，とても多様なので，概括的に述べることは難しい。状態像を把握するにあたっては，次のような観点が役立つことがある。

①生理機能について：呼吸リズムが保てているか，十分な量の酸素を取り込めるか等呼吸機能の問題や，体温調節機能の問題，睡眠・覚醒機能の問題等がある。

②感覚機能について：視覚や聴覚等の感覚機能の問題。感覚は外界の情報を取り込む窓口であることから，この状態像が知的発達や運動発達，コミュニケーション発達に及ぼす影響は大きい。

③生活面について：摂食・嚥下機能の状態や，排泄の状況。慢性便秘症であることが少なくない。

④運動面について：姿勢や運動・動作面での発達の状態。脳性麻痺に見られるような，過緊張，低緊張，不随運動，あるいは骨格の問題，筋肉の問題の有無。また加齢とともに，拘縮や側弯等が進行することもある。

⑤対人行動・コミュニケーション面について：どのような媒体であれば応答がみられるか（受信）や，身体の何らかの運動・動作による意思表出があるか（発信）どうか。コミュニケーション発達の面では初期的な状態にある場合が少なくなく，特別なコミュニケーション手段を必要とすることが多い。

⑥行動障害について：動く重度・重複障害児の場合は，多動や異食，反芻，自傷等の自己刺激行動が見られるかどうか。気分変動の大きい場合や閉塞的になりがちな場合もある。

　これらの観点で見ていくにあたっては，保護者はもちろんのこと，医療や福祉の関係者から情報を入手することも大切である。子どもを支援している関係者・機関等を総合的に把握し，個別の教育支援計画に反映させて，連携をとっていくことも教育者の重要な仕事の一つとなる。

　重度・重複障害児の教育の場は，主に特別支援学校である。さまざまな障害領域の特別支援学校に重複学級が設置されているが，特に肢体不自由児（者）に対する教育を行う特別支援学校には，重度・重複障害児（者）の在籍が多い。特別支援学校での教育以外に，教員が家庭や施設，病院等に赴いて指導を行う訪問教育がある。また，特別支援学級に在籍するケースもある。

　特別支援学校では，重度・重複障害児に対して教科や単元学習だけではなく，自立活動を主にした教育課程を設けることができる。その場合の内容については，一人一人の状態に応じて次のようなものが考えられる。1)健康や身体機能の保持に関する支援，2)心理的な安定を目指して，落ち着きと集中を生み出すことに関連する支援，3)他者との関わりの基礎にあたることや，自己理解，行動の調整に関すること等人間関係の形成に関する支援，4)感覚刺激を受容する力を養ったり，感覚を活用しつつ環境を探り確かめることに関する支援，5)より自発的な動きを促したり，より円滑で身体の構造に適した動きを促したりする等の運動・動作に関連する支援，6)さまざまなコミュニケーション手段の活用や，コミュニケーションを通じて探索的な行動を促したりする支援等である。

(2) 教育支援における視点

　まず基本となるのは，子どもの心身の健康が維持されることである。そのために，必要に応じて医療的な情報も活用しながら健康管理の方法を保護者と一緒に検討していかなければならない。次に重要になるのは，行動の発現を丁寧に観察し，子ども自らが外界のモノや人へかかわる自発的な行動を育てることである。そのためには，視線や身体部位のわずかな動きを，子どもの発信と捉えて応答していくことが必要であり，このような応答的な姿勢を子どもとの関わりの間常時保持していることが求められる。

　関わりの初期段階では，まずは子どもに発現した行動が首尾よく展開するように助けていくことで，子どもとの信頼関係が築きやすくなる。子どもと一緒に行う活動（共同活動）を見つけ出し，その中で子どもの行動がより自己統制されたものになるように，働きかけや教材等を工夫する。子どもの行動がどのようにささいであっても，そこに子どもなりの外界探索の働きが見いだされれば，そこから学習を生み出すことが可能になる。

　障害の重たさに目を奪われて，身辺介護だけに終始したり，反応を引き出したいがためにひたすら強い刺激を繰り返し与えたりする等の働きかけをしがちになるが，まずは子どもを理解することが重要だと考えて，時間をかけて丁寧な行動観察から始めることが望ましい。そのためにも，子どもの小さな動きに目をとめることのできる観察眼を養いたい。障害の重い子どもを前にして，どのように関わればよいのか戸惑うこともあるかもしれない。そのようなとき，戸惑っている人もある種の障害状況にあると考えて，このような関わりの状態を「相互障害状況」（梅津，1997）と呼ぶことがある。教育的関わりが目指すものは，この相互障害状況からの立ち直りである。それには，一人一人の子どもに応じた工夫と配慮を欠かすことができない。また，子どもの成長変化に関連する課題はたくさんあり，それらをすべて教員一人で掌握することはできない。そこで，保護者をはじめさまざまな他の職種の人たちとも連携していくことが重要である。子どもにふさわしい連携をつくり出し，それを有効に働かせるこ

とも教員の仕事といえる。

(3) 医療的ケアについて

医療技術の進歩や在宅医療の普及を背景に，特別支援学校の在籍者の中にも医療的ケアを必要とする児童生徒等が増加してきている。以前はたんの吸引や経管栄養は「医行為」と整理されており，医師または看護師等の免許をもたない者が反復継続する意思をもって行うことは法律上禁止されてきたが，2004（平成16）年には，厚生労働省が「盲・聾・養護学校におけるたんの吸引等の取扱いについて」を発出し，看護師が常駐すること，必要な研修を受けること等を条件とし，実質的違法性阻却の考え方に基づいて特別支援学校の教員がたんの吸引や経管栄養を行うことは「やむを得ない」とする考え方が示された。さらに，介護保険法等の一部を改正する法律による社会福祉士及び介護福祉士法の一部改正に伴い，2012（平成24）年4月より一定の研修を受けた介護職員等は一定の条件のもとにたんの吸引等の医療的ケアができるようになることを受け，これまで実質的違法性阻却の考え方に基づいて医療的ケアを実施してきた特別支援学校の教員についても，制度上実施することが可能となった。

これまで種々の取り組みを通して，医療安全が確保されるほか，授業の継続性の確保，登校日数の増加，児童生徒等と教員の信頼関係の向上等の意義が観察されたり，保護者が安心して児童生徒等を学校に通わせることができるようになったり等，保護者の心理的・身体的負担の軽減効果も明らかになってきている。今後は，教員が看護師と連携しつつ行う医療的ケアの教育上の意義をよりはっきりと示していくことが求められている。

現在，特別支援学校において一定の条件のもとで教員が行える行為（特定行為）には次のようなものがある。

1)口腔内の喀痰吸引，2)鼻腔内の喀痰吸引，3)気管カニューレ内部の喀痰吸引，4)胃ろうまたは腸ろうによる経管栄養，5)経鼻経管栄養，である。

これら医療的ケアの実施にあたっては，次の体制が必要とされている。

① 特別支援学校で医療的ケアを行う場合には，医療的ケアを必要とする児童

生徒等の状態に応じ看護師等の適切な配置を行うとともに，看護師等を中心に教員等が連携協力して特定行為にあたること。なお，児童生徒等の状態に応じ，必ずしも看護師等が直接特定行為を行う必要がない場合であっても，看護師等による定期的な巡回や医師等といつでも相談できる体制を整備する等医療安全を確保するための十分な措置を講じること。

② 特別支援学校において認定特定行為業務従事者となる者は，医療安全を確実に確保するために，対象となる児童生徒等の障害の状態や行動の特性を把握し，信頼関係が築かれている必要があることから，特定の児童生徒等との関係性が十分ある教員が望ましいこと。また，教員以外の者について，例えば介助員等の介護職員についても，上記のような特定の児童生徒等との関係性が十分認められる場合には，これらの者が担当することも考えられること。

③ 教育委員会の総括的な管理体制のもとに，特別支援学校において学校長を中心に組織的な体制を整備すること。また，医師等，保護者等との連携協力のもとに体制整備を図ること。

〈参考・引用文献〉

姉崎弘（2007）『特別支援学校における重度・重複障害児の教育』大学教育出版

梅津八三（1997）『重複障害児との相互輔生：行動体制と信号系活動』東京大学出版会

大島一良（1998）「重症心身障害児分類—大島分類の由来」『日本重症心身障害学会誌』23(1)，pp.14 -19

国立特殊教育総合研究所（2004）「盲・聾・養護学校における自立活動の指導に関する実態調査」

サリバン（1973）『ヘレン・ケラーはどう教育されたか』明治図書

全国特別支援学校肢体不自由教育校長会（2015）「全国特別支援学校（肢体不自由）児童生徒病因別調査」

筑波大学附属桐が丘特別支援学校編著（2008）『肢体不自由教育の理念と実践』ジアース教育新社

筑波大学附属桐が丘特別支援学校（2011）『特別支援教育における肢体不自由教育の創造と展開2 「わかる」授業のための手だて　子どもに「できた！」を実感させる指導の実際』ジアース教育新社

中井滋・高野清（2011）「特別支援学校（肢体不自由）における自立活動の現状と課題(1)」『宮城教育大学紀要』46，pp.173-183

村田茂（1998）『シリーズ 福祉に生きる 8　高木憲次』大空社

文部科学省 特別支援学校等における医療的ケアの実施に関する検討会議（2011）「特別支援学校等における医療的ケアへの今後の対応について」

文部科学省（2016）「特別支援教育資料（平成27年度）」（http://www.mext.go.jp/a_menu/shotou/tokubetu/material/1373341.htm）

6章 病弱児の理解と支援

　特別支援教育の中の一つに位置づけられる，病気の子どもたちを対象とした「病弱教育」の代表的場面として，一般に病院の中で少人数がベッドサイドで勉強する姿で語られることが多い。しかし，教育活動の「場所」ではなく，対象児の「ニーズ」に基づく教育的支援を中心に考える特別支援教育の場合，この一般的イメージを払拭する必要がある。対象となる子どもの人数の上でも，配慮すべき要素においても，「病弱教育」はベッドサイド学習に限定されるものではない。

　医療技術の進歩は，20世紀半ば過ぎまで長期入院を必要とした病気の子どもたちが，21世紀の今日では医療機関において外来管理を受けつつも家庭で暮らし，地域の学校に通学して教育を受けることを可能にした。その結果，通常の学級にいる「配慮を要する子ども」の中に，病気の子どもが増える傾向にある。

　このことは，その子どもたちの病気が治り，特別な配慮の必要性や教育的ニーズがなくなったことを意味するものではない。むしろかつてのような，入院により地域社会との交流が不十分なことと引き換えに，周囲の健常な子どもたちとの間の摩擦や葛藤もなく，また，健康問題のために友達との間に疎外感を感じることが少なかった状況から一変し，健常児と一緒に生活するさまざまな場面において出くわす困難や，その解消のために周囲との交渉や適応調整の必要性に直面するといった，新しい教育的ニーズが発生している。

　一般に病気は個人の身体内部の問題として認識されがちで，病気の子どもには教育的に支援するべきニーズは特にないと考えられる傾向が強い。これは，教育現場も，さらに言えば保護者や子ども自身も同様である。そのため，十分な配慮と支援を受けることができないまま地域の通常の学級に在籍している病気の子どもも多い。「病気の子どもは病院にいる」「病気が治ってから勉強しよ

う」といった理解である。しかしこの理解は正しいのであろうか？　ここでは，病気の子どもの置かれている状況を概説するとともに，特別支援教育の中での，病気の子どもの教育・支援ニーズを考える。

1. 病弱とは

　病気の子どもをみると，病気の原因，症状，治療，予後がそれぞれ違い，一つのグループとして見なすことはできない。ただし，病気の進行抑制や病状改善のため，さまざまな治療管理を日常的に必要とする点では類似している。

　病気そのものと治療管理は，身体的活動を制限するだけではなく，子どもの生活や行動，社会的な関わりにも作用し，心理・社会的発達や成長にも大きな影響を及ぼす。逆に，日常の中での子どもたちの思いは，生活・行動を介して日々の治療管理に影響し，めぐりめぐって病状にも作用するのである。図1は，この仕組みを示したものである。

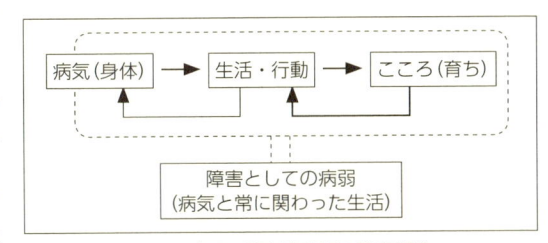

図1　病弱・健康障害児の障害構造

　ここでは，さまざまな病気を原因とした生活・行動上の困難を抱える状況を病弱あるいは健康障害と考え，そのような障害状況に置かれた子どもたちへの教育的支援を病弱教育と呼ぶことにしたい。

2. 病弱教育の実際

(1) 生活規制の難しさについて

① 生活規制の難しさの分析

病気の子どもの生活・行動上の困難の代表的なものは，病気の治療管理のた

めに必要なさまざまな生活規制である。食事の制限，水分の制限，運動的活動の制限，安静の必要性，身体状況の自己チェック，服薬や自己注射の実施等である。当然のことながら病気の種類により，また，同じ病気でもその時々の病状によって，内容が異なる。

この生活規制は子どもたちに，二重の意味で困難を突きつける。一つは，病気になる以前あるいは健常な子どもには不要な生活上の規制が必要となり，生活・行動の内容や様式の変更（以下，生活の変更）が迫られるということである。二つめとして，変更した生活・行動の内容や様式を維持（以下，生活の維持）し続けなければならないことである。

子どもに発症するインシュリン依存型糖尿病を例にとって生活規制の難しさについて検討してみよう。この病気の治療管理は，摂取カロリー量の管理，運動メニューの継続，血糖測定，インシュリンの自己注射等である。

病気でなければ必要としない治療管理が，毎日の生活の中に組み込まれる。それまで自分の好みで決めることができた食事量や食事内容等を治療方針に従って変更するのは，その変更理由を理解できる大人であっても難しいことである。また，自分の身体に針を刺す血糖測定やインシュリン注射を1日に複数回（患者により3・4〜10回程度）行うことは，容易に納得できるものではない。しかし，子どもは生命を維持するために，自らの生活を変更しなければならないのである。

治療管理のために生活が変更されることと，それが維持され続けることは同じではない。摂取カロリー量の管理や血糖測定，インシュリン注射を的確に実施したとしても，残念ながら糖尿病は治ることはない。子どもは，治るという明確なゴールのない治療管理を一生涯続けなければならないのである。この治療管理の動機づけを長期にわたって維持することは，生活を短期的に変更することとは，比べものにならないほどに難しいことは容易に想像できるであろう。次ページの図2は，治療管理の特性と動機づけの低下との関連を示している。

病気に応じた生活の変更や維持が必要なのは，糖尿病に限ったことではなく，そのほかの病気でも同様である。腎臓疾患では病状により食事制限や水分制限

が必要である。心臓疾患では歩くことや遊ぶ内容の規制等運動量制限が行われることもある。喘息や血友病等では，発作や出血等の病状変化に即応して，吸入や血液製剤の注射等を行わなければ，体調の悪化につながる。

一般に，「何でも，たくさん食べる」

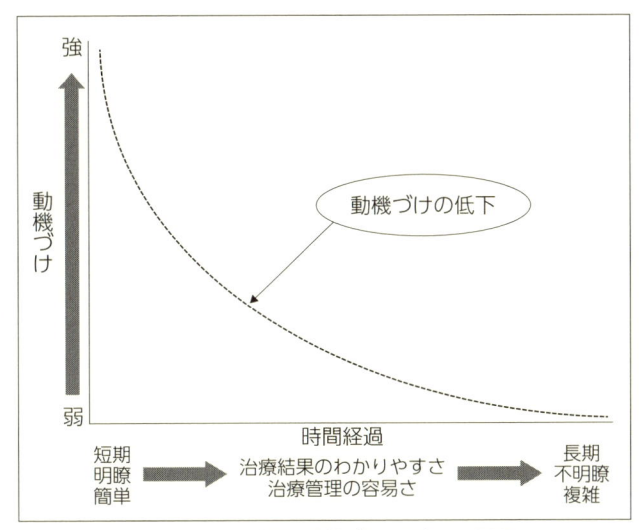

図2　治療・管理の動機づけに関与する要因

「いつでもどこでも，汗をかいて飛び回る」元気な子どもの姿が望まれ，大人はそれを賞賛する。しかしながら，病気の子どもは，食べるもの・食べる量，運動量の制限といった生活上の規制を必要としている。これは言い換えれば，「子どもらしさの制限」が必要な状況である。つまり，病気であることを理由にして，本来なら子どもが「できるはずのない事柄を実施するように押しつけ，子どもらしい生活を制限している」に等しいのである。

②　生活の変更・維持の支援

病気に応じた生活の変更・維持は，その必要性を言葉だけで伝えたとして獲得できるわけではない。自分の生活そのものが，病状の安定にとって有効であることを「実感」させることが求められる。

これには，子ども本人が病気との関連を意識しない日常生活の様子（例えば，遊びの中身，スポーツ等への参加）や子ども自身の体調記録等と，治療管理の実施状況との関連を示すことも有効である。必ずしも医療データでなくてもよい。その中から子どもが，自らの生活と病状との関連を理解できるような情報を，大人と一緒に見つける作業が大切である。例えば，きちんとした安静を続

けることで欠席日数が減少することや，食事制限を継続することで不快症状を感じる日数が減少するといった内容である。これらの関連は，子どもはもとより大人でも，日々の記録を集積して初めて把握できるものも多い。

(2) 自分の病状を知る難しさについて

① 病状変化を認識する難しさの分析

　病気の子どもの生活・行動上のもう一つの困難は，病状悪化の原因と初期症状の把握が難しいことである。病気の子どもは，病気であることは変わらないが病状は常に変化しており，その変化を早期に的確に把握し対処することで，悪化を食い止めることが暗黙のうちに求められる。これも広い意味での生活の変更・維持に含められる。このような把握と対処の前提になるのが，悪化を引き起こす原因と悪化に関わる情報の認知である。

　気管支喘息を例にとって，悪化を引き起こす原因と悪化に関わる情報の認知の難しさを検討してみよう。喘息発作を引き起こす原因は，アレルゲン，気象条件，急な運動，心理的要因等さまざまなものが指摘されている。これに，薬を飲み忘れていたことや，衣服の調整が不十分等非常に日常的なものが絡み合っていることも多い。しかしながら，健常な子どもであれば，どれ一つとっても呼吸障害を発生させる要因とはならない。つまり，通常は問題にもならないささいな原因で病状の悪化が生じるのである。

　これに加えて，気管支喘息の子どもにとって，喘息発作の発生は「起きてほしくない事柄」である。人間のこころは，「望まない出来事」は認識しないようにする傾向をもっている。気管支喘息の子どもも同様であり，喘息発作の発生に関わる情報は認めがたい性質のものであり，その認知を抑制するようにこころが動く。さらに困ったことに，薬の飲み忘れや衣服の調整不十分といった，子ども側に悪化の原因を構成する要素がある場合には，認知がより強く抑制される。

　私たち人間のこころには，起きている事柄を理解する部分と，自分に不都合な事柄は無視しようとする部分からなるとされる。病状の悪化は「不都合で起

きてほしくない」事柄である。図3は, そのこころの仕組みと体調悪化の認知について示している。

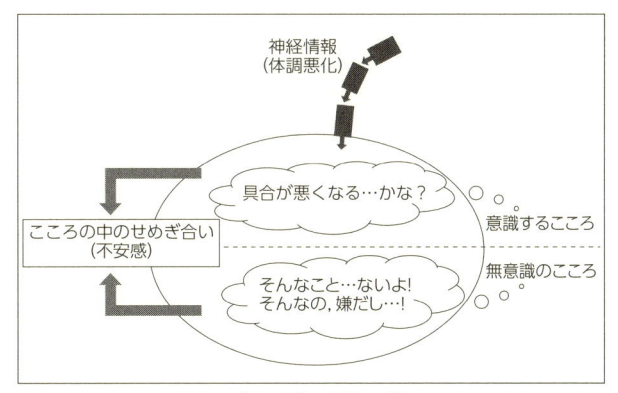

図3　体調悪化の認知の難しさ

「悪化原因と悪化に関わる情報」の認知が, 治療管理に重要ではあるが, その認知が難しいのは気管支喘息に限ったことではない。血友病では, 関節出血の繰り返しにより関節構造が損傷を受け, 通常では考えられないようなわずかな動作の乱れが原因となり, いわゆる「自然出血」が生じる。この場合も, 出血する可能性があることを知りつつ, 一緒に遊ぶ友達に合わせて, 「その子にとっては」無理な動きをするといった, 自分の生活の中に悪化の原因がある場合には, 出血の認知が遅れ, 血液製剤の自己注射が先延ばしになり, ますます関節機能が損傷されることになる。

　原因の把握や, 悪化情報の認知の遅れといった, 本人が気付かない状況下でも, 身体側面の病状悪化は進行する。しかも, その進行速度は速く, 体調の変化に気付いた時点ではすでに回復にかなりの時間を要するほどに悪化している場合が多い。言い換えれば, 通常の認識の範囲を超えた「注意」を子どもに要求している状況といえよう。つまり, 病気であることを理由にして, 本来ならば子どもに「わかるはずのない事柄を認識するように要求している」のに等しいのである。

②　病状変化の認識を促す支援

　病状悪化の原因と初期症状の把握は, その必要性を言葉だけで伝えたとして獲得できるわけではない。ましてや, 原因や症状に早期に気付かなかったことを叱責すれば, ますますその認知を抑制することになる。むしろ早めに気付くことが, 病状の安定にとり有効であることを「実感」させることが求められる。

これには，子ども本人が感じ取る体調についての主観的な印象（息がちょっと詰まる感じ，イライラする気分）等と，子どももアクセス可能なさまざまなデータとの関連を示すことも有効である。必ずしも専門的な医療データでなくてもよい。その中から子どもが，自らの主観的印象とその時々の病状との関連を理解できるような情報を，大人と一緒に見つける作業が大切である。例えば，身体のどこかに現れる違和感や不快感，全身の倦怠感，また精神的なイライラや無気力感等の少し後に，喘息ならば発作，血友病ならば出血といった病状悪化が起きるといった内容である。これらの関連は，子どもはもとより大人でも，日々の記録を集積して初めて把握できるものも多い。

　さらに，違和感や不快感を目印にして早めに，喘息ならば腹式呼吸や吸入，血友病ならば自己注射で病状悪化が回避できるのを確認できるならばなおよい。早期認知が病状の安定・改善を，さらにその安定と改善が早期認知を促すという，ポジティブなサイクルを生み出す。

(3) 年齢とともに変わる病気との関わりについて

　これまで述べたように，病気の子どもは病気と関わりをもった生活を続けなければならない。しかし子どもは常に発達・成長し，変化する存在であるため，病気との関わりも，発達・成長のそれぞれの時期で違ったものになるのは当然である。特に，学童期とそれに続く思春期・青年期は，病気を抱えた子どもの成長に大切な時期であり，教育機関に在籍する期間である。教育の役割は非常に大きい。

① 幼児期

　幼少時の病気との関わりは，大人に依存する。病気に応じた生活の変更や維持，病状悪化の認識・確認の主導権を握るのは，多くの場合は親，特に母親である。子どももそれを当然のことと受け止めている。親の思いは，「少しでも安定した状態」「将来きちんと自分でできるように」といった自然な感情であり，その思いに従ってさまざまな具体的な関わりや声掛けを行う。

②　学童期

　学童期になると生活空間が拡大し，親の目の届かない場所と時間が，子ども
の行動や心の中に芽生える。時には親よりも友達と一緒に活動するのを好んだ
り，家庭でも一人だけの時間をもてるようになる。病気との関わりにおいては，
徐々にではあるが，治療管理のためのテクニカルな部分を習得し始める。例え
ば，自己注射の準備や食事量の調整等ができるようになる。病状変化にも気付
き，伝えることができるようになる。

　しかしながら，親の思いはこの時期も，以前の幼児期とほとんど変わらない。
親は治療管理のテクニカルな部分に依然として手をかけ，また，学校での出来
事や「子どもしか知らない」要因（激しい運動やケンカ等）が病状悪化の原因
になっていることを十分に理解せずに，管理の細かな部分にまで口をはさむ，
といった状況が続く。幼児期には当然であった親が主導する病気との関わりが，
学童期には過保護・過干渉となる。ただし，親の過保護・過干渉の影響は，学
童期にはそれほど明確ではなく，その後の思春期以降に大きな問題となって現
れる。

③　思春期・青年期

　思春期・青年期は心身両面において，大きな変化が生じる時期である。身体
の急激な変化により，それ以前の治療管理を変更しなければならなくなること
もある。心理的には自我が確立する時期であり，理想とする姿と現実の自分と
のギャップ，周囲と自分との相違を認識し始める。

　病気との関わりにおいても大きな変化の時期である。治療管理に関してはテ
クニカルな部分は十分に習得し，病種によっては自己管理が可能となる。病状
変化を的確に把握しての自己注射，食事量の管理，運動メニューの実施，安静
の確保等ができる。

　その一方で，「病気とはいったい何か」「治りもしないのに，なぜ，こんな治
療管理をしなければならないのか」「自分がほかの人と違うのはなぜか」とい
った思いを子どもが抱き，周囲にぶつける。時には病状悪化を知りつつ，ます
ます悪化につながるような行動を取ったり，自己管理を放棄したりといったこ

とを繰り返すことがある。「できる」のに「しない」「したくない」といった，認知と情緒の間の葛藤が生じる時期である。

　学童期までは治療管理の主導権を握り，さまざまな事柄に口を出してきたのに，親はちょうどこの時期に，急に依存から自立への期待を表明することが多い。子どもも親も混乱の中にある。特に，学童期に過保護・過干渉であった親子ほど思春期の葛藤は大きく，年齢を重ねても自立できない患者もいる。

　しかし病気であろうとなかろうと，思春期の葛藤がなくては「自我」の成長は望めない。この葛藤を自分の中に取り込むことで，病気の子どもは「病気である自分」を客観視できる青年期へと移行するのである。

　④　病弱児独自の心理発達等はない

　すでに述べたように病気の子どもは，病気を原因とした生活・行動上の困難を抱えた状況にあり，それは子どもの心理状態に少なからず影響を及ぼす。身体内要因としての病気や治療管理と，保護者や周囲の大人等の環境要因が，長期間にわたり作用することで心理・社会的発達に影響することは間違いない。ただし，病気の子ども独自の心理発達等はなく，あくまで影響する内的・外的要因が，さまざまな病種において類似している部分が多いため，病気が病気の子どものこころと密接につながっているように見えてしまう。そこで，子ども一人一人の発達傾向は，その病気と治療管理から構成される環境要因の影響によるものと考え，その影響の様相は個別的に把握するべきである。

(4) 教育的支援のポイントについて

　教育は，子どもの病気の治療管理に直接関与することはできない。教育的支援の対象は，病気による困難を抱えながら生きていく子どもであり，その役割は，困難を解消する方法を子どもと共に考え，共に実践し，子どもの生活の質を上げることにほかならない。ここではすでに述べた，生活の変更と維持の強化や病状変化の認知の促進等の，具体的な教育的支援のポイントについて検討する。

①　意味の世界へ

　思春期の子どもたちは，「病気とは？」「こんな治療管理をするのはなぜか？」といった疑問と葛藤を抱く。治療管理が中心となっている自分の人生に疑問をぶつけるのである。ここに，教育的支援の一つのポイントがある。

　治療管理の目的を「治りもしない病気の治療管理」自体から，「明日やることがある」生活へと転換すべきである。教育は，「体調を崩せば，明日，遠足には行けない」のではなく，「明日，遠足に行くために，今日きちんと体調を管理する」方向へと，「意味の世界」の転換を図る支援を行う必要がある。子どもにとって重要なのは，「明日の遠足」「明日の学校」「明日のデート」である。「明日の遠足」という将来の目標が，いま現在の行動の動機づけを高め，生活の変更と維持及び病状変化の早期認知を促進する。

②　病気への対処方略を共に考える

　思春期の子どもたちは，「意味の世界」の疑問とともに，周囲との違いを気にかけ，葛藤を抱く。ここに，教育的支援のもう一つのポイントがある。

　食事内容やその量，運動制限，容貌の変化等，子ども一人一人が具体的な困難を抱えている。支援者としての大人が，これらの困難と向き合うことは，変えようのない壁にぶつかり無力を実感することにほかならず，できれば回避したい事態である。

　しかし，子どもはそれらの困難から逃げることはできない。教育は，せめて大人の知恵や技術と，集積される情報をもとに，問題への対処方略を複数提示し，子どもが選択する可能性を広げる支援を行う必要がある。「海には行けるが，山に行くのは無理だ」ではなく，「海に行く，山の登山口のレストハウスまで行く，どちらか選べます」といった具合である。子どもにとっては，制限がある中でも自ら「選択」できることが重要である。子ども自らが選択することは，その後の行動の動機づけを高め，自らの生活の中にコントロール可能部分を見つける。この経験を通じて，制限された中においてもコントロール可能な部分を拡大するような意識傾向をもった大人へと成長していく。

(5) 特別支援教育の中の病弱教育

　教育の規定要因を「場」に求めるかつての特殊教育から，子ども一人一人の「ニーズ」に依拠する特別支援教育への枠組みの転換の中で，自覚的ではなかったにせよ，病弱教育は先導的な役割を担ってきた。外来管理が可能な病気の子どもたちは，家庭から地域の学校へ通学するようになって久しい。それ自体は歓迎すべきことではあるが，そこに新しいニーズが生じている。

①　「一緒に暮らす」と「同じに暮らす」の違い

　健康な子どもたちが圧倒的多数を占める中で，病気の子どもが自分らしい生活を送るためには，周囲との適応調整が不可欠である。治療管理の内容を学校の生活日程の関係で別な方法に変えたり，病気自体や生活の中味について，他の子どもたちと交渉し適応調整を図る必要に追い込まれることもある。

　糖尿病の子どもが，カロリー補給や血糖検査・インシュリン注射のために，他の子どもとの活動を中断して保健室に行くことを例にとってみる。この子どもは病気の治療管理そのものの困難は十分に克服している。しかし，糖尿病を伝えていない場合，頻繁に活動を抜けることは，周囲にとっては不可解な行動である。たとえ病名を伝えていたとしても，他の子どもにとっては，活動を抜けることと治療管理との関係を理解するのは容易ではない。理解されるのを待つだけではなく，活動を共に継続する上では，時には自ら病気について公表や，粘り強い交渉と適応調整が必要な場合がある。

　この状況は最初に述べた，一般に病気は身体内部のものとして捉えられ，患者の生活や行動を阻害するものとしては認識されていないことに起因する。通学しているならば，「同じに勉強・生活」ができるはずとの前提ができあがっているのである。しかし実際は，「一緒に勉強・生活」はできるが，そのためにはさまざまな治療管理や適応上の工夫，努力が必要なのである。これ自体が新しい困難である。教育はこの困難，すなわち「ニーズ」への支援を行う必要がある。この場面での経験は，病気の子どもが将来，やはり健常者が多数を占める一般社会へ出たときの重要な適応モデルとなる。また，健常児にとっても，

病気や障害がある人が社会にいるのは当然で，「適切な管理ができれば，みんなと一緒に活動できる」との認識の萌芽となる。

②　「ニーズ」の掘り起こし

病気の子どもの困難は，多様で把握しがたい。病気そのものか，生活上の管理の問題なのか，あるいは適応上の問題なのかの見極めがつきがたい。例として，給食場面における食物アレルギーを考えてみる。病気そのものについては，調理の際に原因食材の除去はできるが，メニューやおかずの見た目の違いが子どもにとっては問題となる。医療的管理の上では，給食ではなく弁当の持参によりアレルギー反応を回避できるが，容器の違いや「特別扱い」が，子ども間において違和感や疎外感を引き起こす原因となる。違う食材でも，同じ場所で一緒に食事ができるかどうかが，適応を支援する上での課題となる。

教育は，子どもの困難，換言すればニーズを分析的に把握し支援内容を決める必要がある。「困難」とは，子どもの生活・行動上の「希望」「願い」と現実に可能な事柄とのギャップである。時には，子ども本人や保護者さえも気付いていない教育的支援が必要な場合，つまり「ニーズ」の掘り起こしが求められる場面もある。

このように病弱教育においても支援者は，子どもの病状，生活の様子，発達的様相等，多面的な理解に基づき支援の内容と方法を吟味する責任を負っていることを自覚する必要がある。

〈参考・引用文献〉
立川昭二（1999）『病の人間学』筑摩書房
立川昭二（2003）『生と死の美術館』岩波書店

7章 発達障害児の理解と支援

1. 発達障害とは

(1) 「軽度発達障害」から「発達障害」へ

　教育界では2007（平成19）年３月まで，「LD，AD/HD，高機能自閉症等の，通常の学級に在籍しながらも，特別な教育的ニーズを持ち，そのために特別な配慮・支援・教育を必要とする子どもたちを総称する」という意味合いで「軽度発達障害」という用語が使用されることが一般的であった。その場合の「軽度」とは，知的障害がない・または知的障害の程度が極めて軽い，ということを意味していた。しかし，それぞれの障害の症状の程度が軽いと受け取られることが多く，正しい理解が広まらない要因ともなっていた。そのため，2007（平成19）年３月15日に文部科学省が，今後は発達障害者支援法の定義による「発達障害」との表記に換える，との方針を出し，以降「発達障害」という用語が使われることとなった。ただし，この場合の「発達障害」は行政政策上の意味で用いられており，「中枢神経系の機能にもともと持って生まれて何らかの障害があるもの」という学術上の意味よりもかなり広いことに注意する必要がある。

　以下に，代表的なものについて概説する。

(2) AD/HD

① AD/HDとは
　子どもというのは，そもそも落ち着かず，動き回り，注意が集中しないもの

である。もちろん，中には動き回ることを好まず，じっと何かに熱中することが多い子どももいる。しかし，たいていの子どもは落ち着きがない。

その落ち着きのなさ・動きの多さが，その年齢の子どもに比べて飛び抜けて目立ち，そのことによって学習に困難を抱え，対人関係に支障が生じる子どもたちがいる。

そのような極端な落ち着きのなさは，知的障害や自閉症のグループや聴力障害や他の精神障害（例えば，統合失調症）等によって生じることもあるので，医学的にしっかりした見立て・診断が必要になってくる。安易な思い込みによる診断まがいの行為は厳に慎まなければならない。

他の病気や障害がない場合，AD/HDという診断の可能性が生じてくる。アメリカ精神医学会が作ったDSM（2013年よりDSM-5が用いられている）という診断基準に，このAD/HD（Attention-Deficit/Hyperactivity Disorder）という診断名が登場したのは1994年のことである。日本では注意欠如/多動症と訳されている。しかし，「欠如」という訳語と原語との間に意味の乖離が生じていることもあり，また既にAD/HDという略記が医学・教育・臨床心理・福祉領域で通用してきていることもあり，本書では略記のまま使用する。

それ以前にもMBD（Minimal Brain Dysfunction：微細脳機能障害）やADD（Attention Deficit Disorder：注意欠陥障害）という概念があり，多動や注意の問題とともに学習面での困難を抱える子どもがいることは医学的には知られていたが，AD/HDという用語が使用されるようになってから急速に関心が高まった。

AD/HDの有病率は3〜5％といわれている。症状は就学前から小学校低学年にかけて最も顕著になることが多いので，小学校低学年では20〜30人に1人がAD/HDだということになる。日本では，一つのクラスに平均30〜35人いるので，その中に1人か2人はAD/HDの子どもがいるということになる。症状は年齢とともに徐々に改善していく傾向があるが，大人になってからも症状をもち越すことがしばしばあることがわかってきている。

AD/HDは男女比が4：1といわれている。つまり，男の子に圧倒的に多いのである。このことは，自閉症のグループや学習障害（LD）にもあてはまるの

だが，なぜ男の子に多いのかは，現代医学では未だ解明されていない。

　かつては落ち着かない子の原因は親の養育・しつけにあると考えられていたが，AD/HDに関しては現在ではほとんど否定されている。そのような環境要因ではなく，脳の機能的・器質的要因によるものと考えられている。また，遺伝の関与についても研究が積み重ねられている。

　AD/HDの子どもは，学習面の困難や対人関係の問題（例えば，いじめを受けやすく，仲間はずれにされやすい，等）をもちやすく，また成人以降にうつ病を含めた感情障害に陥りやすいともいわれているため，早期発見と早期からの対処が必要になってくる。

　そのためには，子どものそうした症状に気付きやすい立場にいる学校の教員がAD/HDの診断基準を知ることが極めて重要なことになる。診断そのものは医師の専権行為であり，安易に教員が行うことはできないし，またするべきでもないが，早期に発見するためには，AD/HDの症状としてどんなものがあるのかを現場の教員が知る必要があることはいうまでもない。

②　AD/HDの診断

　診断はDSM-5の基準に従って行われる。不注意・多動性・衝動性という症状が少なくとも一部は12歳以前から見られ，学校や家庭等で不適応を起こし，子ども自身にも不利益が生じている場合に診断されることになる。

　以下，不注意・多動性・衝動性という三つの主たる症状について，簡単に説明する（詳細は次ページの表1を参照）。ただし，すべての記載が一人の子どもに全部あてはまるわけではないことに，十分留意していただきたい。

　不注意は，飽きっぽい・最後まで課題を仕上げることがなかなかできない等の注意の集中の困難という側面と，いろいろなことに注意を振り分けなければならない場面で一つのことに没頭してしまうという注意の切り換えの悪さという側面の両面が見られる。

　多動性は大きく二つに分けられる。座っていることが要求される場面で席を離れて歩き回る・走り回ることが極端に多い・止められても高い所に上りたがる等の移動性多動と，座っていても手足をそわそわと動かす・もじもじする・

周囲の子どもにちょっかいを出す等の非移動性多動である。

　衝動性は，教員の質問が終わる前に指名されてもいないのに答えてしまう・集団の遊びの場面で順番を待つことができない等の行動である。そのために，いじめを受けやすくなったり，トラブルを起こしやすく仲間はずれにされがちになったりする。

　上記のような症状が12歳以前，多くは幼児期から顕著に見られるため，AD/HDの子どもたちは，事故に遭いやすかった・人込みで迷子になりやすかった等の既往が見られることが多く，診断にとって有用な情報になることがある。

表1　AD/HDの診断基準(DSM-5より)

診断基準　　注意欠如/多動症
A.　(1)および／または(2)によって特徴づけられる，不注意および/または多動性–衝動性の持続的な様式で，機能または発達の妨げとなっているもの： (1)　不注意：以下の症状のうち6つ（またはそれ以上）が少なくとも6カ月持続したことがあり，その程度は発達の水準に不相応で，社会的および学業的/職業的活動に直接，悪影響を及ぼすほどである： 　　注：それらの症状は，単なる反抗的行動，挑戦，敵意の表れではなく，課題や指示を理解できないことでもない．青年期後期および成人（17歳以上）では，少なくとも5つ以上の症状が必要である． (a)　学業，仕事，または他の活動中に，しばしば綿密に注意することができない，または不注意な間違いをする（例：細部を見過ごしたり，見逃してしまう，作業が不正確である）． (b)　課題または遊びの活動中に，しばしば注意を持続することが困難である（例：講義，会話，または長時間の読書に集中し続けることが難しい）． (c)　直接話しかけられたときに，しばしば聞いていないように見える（例：明らかな注意を逸らすものがない状況でさえ，心がどこか他所にあるように見える）． (d)　しばしば指示に従えず，学業，用事，職場での義務をやり遂げることができない（例：課題を始めるがすぐに集中できなくなる，また容易に脱線する）． (e)　課題や活動を順序立てることがしばしば困難である（例：一連の課題を遂行することが難しい，資料や持ち物を整理しておくことが難しい，作業が乱雑でまとまりがない，時間の管理が苦手，締め切りを守れない）． (f)　精神的努力の持続を要する課題（例：学業や宿題，青年期後期および成

人では報告書作成，書類に漏れなく記入すること，長い文書を見直すこと）に従事することをしばしば避ける，嫌う，またはいやいや行う。

(g) 課題や活動に必要なもの（例：学校教材，鉛筆，本，道具，財布，鍵，書類，眼鏡，携帯電話）をしばしばなくしてしまう。

(h) しばしば外的な刺激（例：青年期後期および成人では無関係な考えも含まれる）によってすぐ気が散ってしまう。

(i) しばしば日々の活動（例：用事を足すこと，お使いをすること，青年期後期および成人では，電話を折り返しかけること，お金の支払い，会合の約束を守ること）で忘れっぽい。

(2) 多動性および衝動性：以下の症状のうち6つ（またはそれ以上）が少なくとも6カ月持続したことがあり，その程度は発達の水準に不相応で，社会的および学業的／職業的活動に直接，悪影響を及ぼすほどである：

　注：それらの症状は，単なる反抗的行動，挑戦，敵意などの表れではなく，課題や指示を理解できないことでもない。青年期後期および成人（17歳以上）では，少なくとも5つ以上の症状が必要である。

(a) しばしば手足をそわそわ動かしたりトントン叩いたりする，またはいすの上でもじもじする。

(b) 席についていることが求められる場面でしばしば席を離れる（例：教室，職場，その他の作業場所で，またはそこにとどまることを要求される他の場面で，自分の場所を離れる）。

(c) 不適切な状況でしばしば走り回ったり高い所へ登ったりする（注：青年または成人では，落ち着かない感じのみに限られるかもしれない）。

(d) 静かに遊んだり余暇活動につくことがしばしばできない。

(e) しばしば "じっとしていない"，またはまるで "エンジンで動かされているように" 行動する（例：レストランや会議に長時間とどまることができないかまたは不快に感じる：他の人達には，落ち着かないとか，一緒にいることが困難と感じられるかもしれない）。

(f) しばしばしゃべりすぎる。

(g) しばしば質問が終わる前に出し抜いて答え始めてしまう（例：他の人達の言葉の続きを言ってしまう：会話で自分の番を待つことができない）。

(h) しばしば自分の順番を待つことが困難である（例：列に並んでいるとき）。

(i) しばしば他人を妨害し，邪魔する（例：会話，ゲーム，または活動に干渉する：相手に聞かずにまたは許可を得ずに他人の物を使い始めるかもしれない：青年または成人では，他人のしていることに口出ししたり，横取りすることがあるかもしれない）。

B．不注意または多動性–衝動性の症状のうちいくつかが12歳になる前から存在していた。

C．不注意または多動性-衝動性の症状のうちいくつかが2つ以上の状況（例：家庭，学校，職場；友人や親戚といるとき；その他の活動中）において存在する。

D．これらの症状が，社会的，学業的，または職業的機能を損なわせているまたはその質を低下させているという明確な証拠がある。

E．その症状は統合失調症，または他の精神病性障害の経過中にのみ起こるものではなく，他の精神疾患（例：気分障害，不安症，解離症，パーソナリティ障害，物質中毒または離脱）ではうまく説明されない。

▶いずれかを特定せよ

混合して存在：過去6カ月間，基準A1（不注意）と基準A2（多動性-衝動性）をともに満たしている場合

不注意優勢に存在：過去6カ月間，基準A1（不注意）を満たすが基準A2（多動性-衝動性）を満たさない場合

多動・衝動優勢に存在：過去6カ月間，基準A2（多動性-衝動性）を満たすが基準A1（不注意）を満たさない場合

③　AD/HDの子どもへの教育的支援

AD/HDは基本的には知的障害はないので，普通の学校の通常の学級に在籍している。その中で個別に特別の配慮が必要になってくる。

まず一つめに，注意の持続時間が短いため，それに合わせた課題を与える必要が出てくる。10分しか集中できない子に40分かけてやっと仕上げることができるような課題を与えてもできるはずはない。

二つめは，情報・感覚刺激をコントロールすることである。AD/HDの子どもは，同時にいろいろな情報が入ってくると混乱しやすい。四方八方からの刺激が入らないように座席の配置を工夫し（教員の近くの席にする等），席の前方にはなるべく掲示物を貼らない等の配慮が必要になってくる。

三つめは，セルフエスティーム（self esteem：自己肯定感）を低下させない対応である。AD/HDの子どもたちは，叱られることがとても多く，また自分で何かを成し遂げたという達成感を得ることがとても少ない。そのため，AD/HDの症状が軽減していく傾向がある思春期という時期に，自分はダメな人間・生きている価値のない存在という思いを強くもってしまうことによって，

非行・犯罪・自暴自棄な行動が出てきてしまうことがある。それを防止することが，本人のためにも周囲の人のためにも極めて大切なことになる。

　場合によっては，親からもほめられず，なじられ・けなされ・体罰を受けて育つこともある。さらに，クラスメイトからいじめられ，教員からも感情的に怒られるという体験を重ねている子どもに対して，あらゆる機会・材料を利用して「ほめる」ということを繰り返すことが，その子が生きていくための大切な栄養になるのである。

　もちろん，叱ること・注意をすることも必要である。その場合は「その場で1回だけ控えめに叱る」ということが大切になる。繰り返し叱らない・やったことの結果に対して厳しく叱るのではなくそのプロセスに対して控えめに叱るという対応が，セルフエスティームを低下させないために重要になる。

　四つめは，学校と親の情報交換をしっかりすることである。家での様子を教員が知ること，そして学校での様子を親が知ることは，子どもに一貫した対応をするためにとても大切なこととなる。

　五つめは，医師と教員の連携である。AD/HDは場合によっては薬物療法の対象になる。メチルフェニデート（商品名はコンサータ）等の薬物療法が多動を抑えるのに有効であることが多い。原因をなくす薬ではなく対症療法なので，効果の持続は一時的ではあるが，それでも薬が効いている4〜5時間はいくらか集中できるようになるので，学習の効果は高まることになる。子どもにとってはとても役立つことも多いのである。診断のためにも，また薬物療法による副作用を早めに発見するためにも，学校からの情報は医師にとってはとても有益なものになる。一方，学校としても教育の配慮をする際に，医師からの助言は有効に作用する。

(3) 高機能自閉スペクトラム症

①　自閉症とは

　カナー（Kanner, L.）によって早期幼児自閉症が報告されたのは1943年である。以来70年ほどの知識と経験の積み重ねの中から，現在使用されているDSM-5

では当初の報告よりも幅広い概念として自閉スペクトラム症（Autism Spectrum Disorder）という用語が用いられ，ASDと略記される。広汎性発達障害（Pervasive Developmental Disorders：PDD）という用語は「自閉性障害」「レット障害」「小児期崩壊性障害」「アスペルガー障害」「特定不能の広汎性発達障害」の5つを下位分類として含み，広く教育界でも使用されていたが，「広汎性」の意味するところがあいまいなこと・「レット障害」が自閉症のグループから外れたこと・下位分類をすること自体に十分な意味がなくなってきたこと等から，現在では使用されなくなりつつある。

②　「高機能」とは

「高機能自閉スペクトラム症」という場合の「高機能」は，知的障害がない・または知的障害の程度が極めて軽いという意味である。平均より能力が高いという意味ではないことに注意する必要がある。かつて広く使われていた「アスペルガー障害（症候群）」は，この「高機能自閉スペクトラム症」の中に含まれる。

③　自閉スペクトラム症の診断

ここでもDSM-5の診断基準を用いることにする（表2参照）。「社会的コミュニケーションおよび対人的相互反応の問題」と「行動，興味，または活動の限定された反復的な様式」の二つの徴候が発達段階の早期に存在する場合に，統合失調症等の他の障害を除外した上で診断がなされることになる。

社会的コミュニケーション及び対人的相互反応の問題とは，生後早期から後追いや目と目を合わせる等の愛着行動が発達しない・他人の感情を読み取ることがなかなかできない・仲間遊びができない・集団の設定場面で同じ行動が取れない，等である。行動，興味，または活動の限定された反復的な様式とは，散歩の道順が違うとパニックを起こす・回るものや高い所に執着する・他の子どもは興味をもたないようなことに興味をもち自分だけの独自の世界をもっている，等である。

繰り返しになるが，診断は医者に委ねるべきである。しかし，教員がこうした診断基準の概略を知ることは，診断をされずに見過ごされてきた子どもに適

切な対応を取っていくためにも，すでに必要不可欠のこととなっているのである。

表2　自閉スペクトラム症の診断基準(DSM-5より)

A．複数の状況で社会的コミュニケーションおよび対人的相互反応における持続的な欠陥があり，現時点または病歴によって，以下により明らかになる（以下の例は一例であり，網羅したものではない）。

(1)　相互の対人的−情緒的関係の欠落で，例えば，対人的に異常な近づき方や通常の会話のやりとりのできないことといったものから，興味，情動，または感情を共有することの少なさ，社会的相互反応を開始したり応じたりすることができないことに及ぶ。

(2)　対人的相互反応で非言語的コミュニケーション行動を用いることの欠陥，例えば，まとまりのわるい言語的，非言語的コミュニケーションから，アイコンタクトと身振りの異常，または身振りの理解やその使用の欠陥，顔の表情や非言語的コミュニケーションの完全な欠陥に及ぶ。

(3)　人間関係を発展させ，維持し，それを理解することの欠陥で，例えば，さまざまな社会的状況に合った行動を調整することの困難さから，想像上の遊びを他者と一緒にしたり友人を作ることの困難さ，または仲間に対する興味の欠如に及ぶ。

B．行動，興味，または活動の限定された反復的な様式で，現在または病歴によって，以下の少なくとも2つによって明らかになる（以下の例は一例であり，網羅したものではない）。

(1)　常同的または反復的な身体の運動，物の使用，または会話（例：おもちゃを一列に並べたり物を叩いたりするなどの単調な常同行動，反響言語，独特な言い回し）。

(2)　同一性への固執，習慣への頑ななこだわり，または言語的，非言語的な儀式的行動様式（例：小さな変化に対する極度の苦痛，移行することの困難さ，柔軟性に欠ける思考様式，儀式のようなあいさつの習慣，毎日同じ道順をたどったり，同じ食物を食べたりすることへの要求）。

(3)　強度または対象において異常なほど，きわめて限定され執着する興味（例：一般的ではない対象への強い愛着または没頭，過度に限局したまたは固執した興味）。

(4)　感覚刺激に対する過敏さまたは鈍感さ，または環境の感覚的側面に対する並外れた興味（例：痛みや体温に無関心のように見える，特定の音または触感に逆の反応をする，対象を過度に嗅いだり触れたりする，光または動きを見ることに熱中する）。

C．症状は発達早期に存在していなければならない（しかし社会的要求が能力の

　　限界を超えるまでは症状は完全に明らかにならないかもしれないし，その後の
　　生活で学んだ対応の仕方によって隠されている場合もある）。
　D．その症状は，社会的，職業的，または他の重要な領域における現在の機能に
　　臨床的に意味のある障害を引き起こしている。
　E．略

(4) 学習障害（Learning Disability）

① 学習障害（LD）とは

　学習障害はLearning Disabilityの訳語であり，一般的にはLDと略される。
AD/HDやASDと同様に，全般的な知的障害を伴わないために，学校教育では
主に通常の学級に在籍している。そのため，医学的な用語としてのLDとは別
に，児童生徒の抱える教育的ニーズを中心とした定義が学校教育の現場では求
められていた。そこで，文部科学省では平成11年に以下のような定義を示して
いる。

　　学習障害とは，基本的には全般的な知的発達に遅れはないが，聞く，話す，読
　む，書く，計算する又は推論する能力のうち特定のものの習得と使用に著しい困
　難を示す様々な状態を指すものである。
　　学習障害は，その原因として，中枢神経系に何らかの機能障害があると推定さ
　れるが，視覚障害，聴覚障害，知的障害，情緒障害などの障害や，環境的な要因
　が直接の原因となるものではない。

　　　　学習障害及びこれに類似する学習上の困難を有する児童生徒の指導方法に関する
　　　　調査研究協力者会議「学習障害児に対する指導について（最終報告）」より

　医学上のLDは教育用語のLDよりも狭い概念として診断基準が示されている。
アメリカ精神医学会の診断統計マニュアルであるDSM-5では，以下の表3の
ように定義が示されている。

表3　限局性学習症/限局性学習障害(Specific Learning Disorder の診断基準)

A．学習や学業的技能の使用に困難があり，その困難を対象とした介入が提供さ
れているにもかかわらず，以下の症状の少なくとも1つが存在し，少なくとも

6ヶ月間持続していることで明らかになる：
1) 不的確または速度が遅く，努力を要する読字
2) 読んでいるものの意味を理解することの困難さ
3) 綴字の困難さ（例：母音や子音を付け加えたり，入れ忘れたり，置き換えたりする等）
4) 書字表出の困難さ（例：文章の中で複数の文法または句読点の間違いをする等）
5) 数字の概念，数値，または計算を習得することの困難さ
6) 数学的推論の困難さ

B．欠陥のある学業的技能は，その人の暦年齢に期待されるよりも，著明にかつ定量的に低く，学業または職業遂行能力，または日常生活活動に意味のある障害を引き起こしており，個別施行の標準化された到達尺度および総合的な臨床評価で確認されている。17歳以上の人においては，確認された学習困難の経歴は標準化された評価の代わりにしてよいかもしれない。

C．学習困難は学齢期に始まるが，欠陥のある学業的技能に対する要求が，その人の限られた能力を超えるまでは完全には明らかにならないかもしれない（例：時間制限のある私見，厳しい締め切り期限内に長く複雑な報告書を読んだり書いたりすること等）

D．学習困難は知的能力障害群，非矯正視力または聴力，他の精神又は神経疾患，心理社会的逆境，学業的指導に用いる言語の習熟度不足，または不適切な教育的指導によってはうまく説明されない
1) 該当すれば特定せよ
   A．読字の障害を伴う
   B．書字表出の障害を伴う
   C．算数の障害を伴う

　上記の二つの定義を比較してみると，教育的用語としてのLDは"Disability"を用いており，教育現場では知能と学力との差（「ディスクレパンシー」という）に注目して，児童生徒の抱える学習上の困難性を捉えようとしていることがわかるだろう。多くのLD児は全般的な知的発達には遅れが認められないものの，学校あるいは学級では学力不振児として認識されていることが多く，その原因を本人の性格や態度（怠け等）の問題として誤解されてしまうことも多い。例えば，会話には全く不自由がないのに，小学校低学年レベルの漢字が読み書きできない状態を示していると，しっかりと漢字練習をしていないせい，

本人の努力不足のせいだと誤解されてしまうのである。そのため，学年が上がるにつれて，二次的な不適応（自己肯定感の低さ，学習に対する意欲の低下等）が拡大してしまう危険性がある。可能なかぎり早期にLD児の実態を把握して，指導・支援を開始する必要がある。

②　ディスレクシア（Dyslexia）

　ディスレクシア（Dyslexia）は学習障害の一種であり，特異的読字障害，難読症，読み書き障害等とも呼ばれる。綴字の困難と読字の困難をあわせもつ場合も多く，特に学習の基礎的な能力である"読み書き"に関して特徴のあるつまずきや習得の困難さを示すため，たとえ計算能力等には困難性がなくとも，そもそも教科書の文章を読むことが困難になるため，結果としては全教科にわたる学力不振につながってしまう。ディスレクシアかどうかの判断は，教員のみでなく，医師や臨床心理士等の専門家による総合的な見立てが必要になるが，可能な限り早期に発見し支援を開始することが，その後の学力向上と二次的な障害を予防・軽減する上でもたいへん重要になってくる。代表的なディスレクシアの特徴は，以下のように示される。

- 本読みが苦手
- よく読み間違いをする
- 拾い読みしかできない
- 文字は読めるが，文の意味が読み取れない
- 改行・段落を間違う
- 助詞により文章を区切れない

2002（平成14）年に文部科学省が通常の学級を対象に行った調査では，（ディスレクシアの診断ではない）読み書きに困難のある児童生徒が2〜3％程度の割合で存在していることがわかっており，各教室に少なくとも一人は読み書きに対する支援を必要としている児童生徒がいることを想定した指導内容や教材教具の工夫，環境の整備等が求められる。

③　学習障害児への教育的支援

　学習障害児への支援は，学力不振の状態像や学習上の困難性を早期に実態を

把握することが肝要である。以下は学校現場でみられるLDの代表的な特徴である。このような特徴が1つあるいは複数重なって示される児童生徒がいれば，診断の有無に関係なくLDの可能性を検討して支援を始めてみることが重要である。

1) 指示を理解することが苦手
2) 筋道を追って話すことが苦手
3) 音読が苦手
4) 読解が苦手
5) 書くことが苦手
6) 作文が苦手
7) 計算が苦手
8) 算数の文章題が苦手
9) 図形問題が苦手
10) 位置や空間を把握することが苦手

　特にディスレクシア等の特異な困難を示す児童生徒に対しては，近年ではICT機器（タブレット端末等）を用いた指導等も有効であることがわかってきている。例えば，国語の読みの学習では，読むべき文章の文字を拡大したり，一度に見せる提示量を変えたり，一行ずつ色を反転させたり，文章を音声化して聴かせたりすることで，教科書に書かれた内容を理解することが可能になる場合も多い。書字の学習では，トメ，ハネ，払い等の細部の間違いについては0点ではなく部分点を与えることで学習意欲の低下を防ぐこと等の配慮も必要である。また，黒板に板書された文字を書き写すことにもたいへんな時間と労力が必要なため，場合によっては，ICT機器のカメラ機能を活用して写真に撮り，休み時間や家庭等で時間のある時にノートに書き写すようにしたり，ICレコーダー等で授業を録音して後できき直したりする等，書字以外の手段でも児童生徒自身が繰り返し学習可能なかたちで内容を理解していくための工夫等が考えられる。ただし，こうした機器等を通常の学級で使用する際には，クラ

スメイトや児童生徒自身が「あの子だけ特別扱いだ」と誤解して，非難したり揶揄したりすることも考えられ，その児童生徒にとっては眼鏡や補聴器，車椅子のように必要な道具であることを認められる学級の雰囲気づくりがたいへん重要となることは忘れてはならないだろう。

2．発達障害教育の実際

発達障害のある児童生徒の学びの場の大半は，通常の学校・学級である。また近年では，通級による指導でも，学習上及び学校生活上の課題に対する効果が広く認められるようになってきている。発達障害の二次的な問題が顕著になり，学習上の課題よりも適応上の課題が前面に出てくるようになる場合，あるいは自閉症の特性が色濃く，大集団での一斉指導では学習が積み上がりにくい場合には，自閉症・情緒障害教育の特別支援学級で指導・支援を受けることも考えられる。

(1) 通常の学校・学級

学校教育においては，一般的にLD，AD/HD，ASDの三つの障害をまとめて「発達障害」と呼んでいる。これらは“知的な障害がない”という共通した特徴があり，そのため，そのほとんどが“通常の学級に在籍している”ことを意味している。発達障害という概念が普及するまでは，クラスの中の「学力不振の子」「キレやすい子」「奇異な言動をする子」等の誤解も多かったが，現在では，特別な教育的ニーズのある子として理解されるようになってきている。これらの児童生徒に対する教育的支援として，まずは，通常の学級での指導・支援を充実していくことが求められるが，その際には，発達障害のある児童生徒が抱える障害特性を踏まえた実態把握がたいへん重要になってくる。

特に，学習上の困難性を理解するためには，発達障害児に共通する「認知特性の偏り」「発達のアンバランスさ」に注目した指導内容，指導方法の工夫や環境設定が必要である。近年では「ユニバーサルデザインの授業づくり」を全

校体制で取り組む学校も増えてきており，かなりの効果をあげている。

　本来「ユニバーサルデザイン」とは工業用語で，「調整または特別な設計を必要とすることなく，最大限可能な範囲ですべての人が使用することのできる製品，環境，計画及びサービスの設計」のことである。こうした考え方に基づき，学級にいる数名の発達障害のある児童生徒のために特別な授業を行うという発想ではなく，発達障害のある児童生徒でもわかる授業は発達障害のない児童生徒にもわかりやすい授業になっており，結果として学級全体の学力向上や学力不振の改善にも効果があるのが，ユニバーサルデザインの授業づくりということである。特に，多くの発達障害のある児童生徒の特性として，耳で聞いて理解する能力（聴覚認知）よりも，目で見て理解する能力（視覚認知）の方が優れているという点に着目して，授業の展開や教室環境の中に視覚的な手掛かりを構造化して秩序立てていくことで，学習に対する理解や意欲を高めることが，ユニバーサルデザインの授業づくりの基本的な考え方である。

　そのほかにも，アメリカでは主に通常の学校・学級でのLDのある児童生徒への支援に関して，「RTI（Response To Intervention）モデル」といった考え方が導入されており，図1に示されるように，まずは第一段階として“学級全体（クラスワイド）を対象とした支援”を行い，それでも学力不振の改善しない児

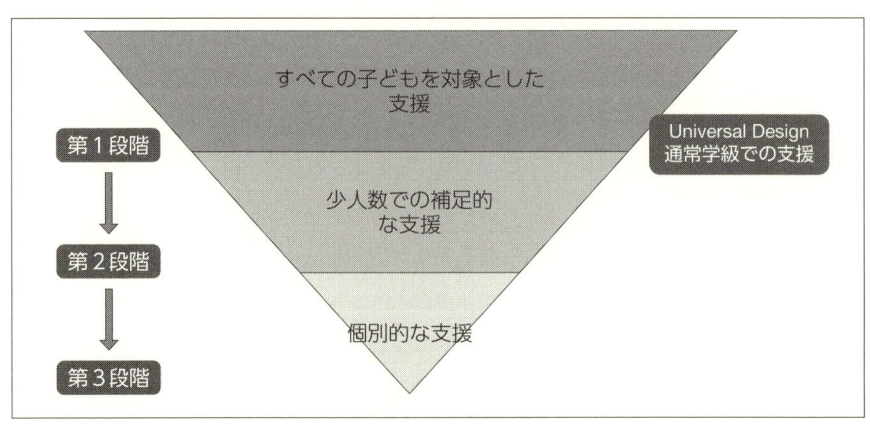

すべての子どもを対象とした
支援

第1段階

Universal Design
通常学級での支援

少人数での補足的
な支援

第2段階

個別的な支援

第3段階

図1　RTIモデル

童生徒に対しては，第二段階として“少人数での補足的な支援”を行い，それでも効果のあがらない児童生徒に対して，第三段階として“個別的な支援”を導入することが推奨されている。つまり，“初めから個別指導ありき”（場を分けて特別支援学級や特別支援学校で指導する）ではなく，学級での授業実践を見直すことから始めるという姿勢が重要なのである。

　以上の観点を踏まえて，発達障害のある児童生徒に対する通常の学級での指導・支援の在り方として，以下のようにまとめることができるだろう。

① 授業のユニバーサルデザイン化
② 習熟度別・少人数授業
③ 個別的な指導の場の工夫
④ TTによる指導や支援員の活用

(2) 通級による指導

　通級による指導とは，障害の状態に応じた特別の指導（自立活動の指導等）を特別の指導の場（通級指導教室）で行うことから，通常の学級の教育課程に加え，またはその一部に替えた特別の教育課程を編成することができるように設置されている教育の場である。

　発達障害のある児童生徒は，主に「自閉症」「学習障害」「注意欠如 / 多動性障害」「情緒障害」「言語障害」を対象とした「通級による指導」の枠組みの中で，特別な指導を受けている。図1のRTIモデルで示されるように，通常の学級での一斉指導の中では児童生徒の抱える教育的ニーズに十分に応じることが難しい事例も一定程度ある。そうした場合，個別あるいは小グループで，主に自立活動を中心とした指導・支援を受けることで，集団での不適応や学習上の課題を改善・克服できる可能性がある。

　特に，通級による指導では，指導の時数が限られていることもあり，教科補充よりも自立活動を中心とした学校生活上の課題の改善に取り組まれていることが多い。例えば，LD等の学習上の課題がある児童生徒には，ICT機器等を用いた読み書きの困難さに対応した指導方法の工夫を行い，在籍学級でも汎用

可能な指導法として"適切な学び方"をカスタマイズする。あるいは，学校生活上の課題がある児童生徒には，対人コミュニケーションの能力を高めるために，感情のコントロールの方法，他児との適切な関わり方や距離の取り方，感情の適切な表出や受容の仕方を身につけるための「ソーシャルスキルトレーニング（SST）」等を行っている。

　今後の課題は，小中学校で通級による指導を受けていた児童生徒が，高等学校においても同様の指導・支援を必要としており，平成30年度にようやく制度化された"高等学校での通級による指導"を質・量ともに拡充していくことである。

(3) 特別支援学級

　発達障害のある児童生徒の指導は，「自閉症・情緒障害特別支援学級」でも専門的に行われており，これらの特別支援学級においては，特に，安心できる雰囲気の中で情緒の安定のための指導を行うことに配慮されている。また，発達障害の二次障害等が顕著で，通常の学級の教育では十分な成果が期待できない児童生徒に対して，教科等の学習内容は同じだが，心理的な安定に十分に配慮された指導・支援が行われている。特に情緒的な面での課題があり，40人近い大集団での一斉指導ではさまざまな刺激が多く，担任一人の指導体制では，頻回にクールダウンを必要とするような環境設定が困難な場合も多い。そうした場合，特別支援学級では，児童生徒−教員間の二者関係を土台にしたより個別的な指導・支援を提供できる可能性がある。知的障害の有無や障害の程度の軽重ではなく，個別的な指導・支援がより一層求められる場合にはおいては，特別支援学級や特別支援学校で学ぶことが適切と考えられる児童生徒も存在している。

(4) 特別支援学校

　わが国において，現在のところは発達障害のある児童生徒だけを対象とした特別支援学校は設置されていないが，発達障害の二次障害等の不適応行動が激

しく表出されると，入院治療による心身のケアが必要な場合もある。そうした児童生徒が病弱教育を行う特別支援学校に在籍することも近年では増加傾向にある。一例では，全国病弱虚弱教育研究連盟が行った調査によると，病弱教育の特別支援学校に在籍する児童生徒の3割程度が発達障害の二次障害等による心身の病気を抱えていることが示唆されていた。

　また，知的障害のある児童生徒を対象とした特別支援学校でも，就労に直結する知識や技能，態度等を身につけるための教育課程が充実している高等部への進学希望者が増加する傾向が全国的になっている。

3．発達障害児に対する指導・支援のポイント

(1) 二次障害の理解と支援

　発達障害は目に見える障害ではなく，児童生徒には知的発達の遅れが認められないため，その特徴が教員やクラスメイト，時には保護者からも理解されず，教育上あるいは家庭生活上で不適切な対応が生じる可能性が高い。発達障害に対する理解不足により，周囲あるいは自分自身の否定的な評価や叱責等の不適切な対応が積み重なると，否定的な自己イメージを育みやすく，自尊心も低下しやすい。その結果として，情緒の不安定，反抗的な行動，深刻な不適応の状態等を招くことがあり，そのような状態を呈している場合を，一般的には「二次障害」と呼んでいる。発達障害のある児童生徒への指導・支援を考える上で，これらの二次障害を予防・軽減することは，将来的な適応を考える上でもたいへん重要である。

　二次障害の現れ方には，極端な反抗や暴力，家出，反社会的犯罪行為等の行動上の問題として他者に向けて表現される「外在化障害」と，不安や気分の落ち込み，強迫症状，対人恐怖，引きこもり等の情緒的問題として自己の内的な苦痛を生じる「内在化障害」の2つに大別される。これらはどちらか一方ということではなく，学校や学級では外在化障害が顕著に示されていたとしても，

そこには同時に内在化障害も潜在しており，児童生徒自身はたいへんな苦痛を感じていることに留意する必要がある。外在化や内在化は二次障害の表現型であって，現在の学習環境あるいは生活環境において「生きづらさ」が顕著になっており，何らかの支援が必要だというサインを児童生徒が出しているのだと認識される必要がある。特に，こうした「生きづらさ」に対する支援が遅れると，反抗挑戦性障害や行為障害に発展していく危険性があり，そうした状態に陥ってからの指導・支援や治療等には，たいへんな努力やコストが必要となることを忘れてはならない。

　そのため，二次障害に対する対応は，担任一人ではなく，特別支援教育コーディネーターを中心とした校内委員会等による全校体制で取り組むことが必須である。また，必要に応じて校内体制だけでなく，医師やカウンセラー，ソーシャルワーカー，児童相談所の相談員，保健師等，医療や保健，福祉，労働等の多職種による，地域の支援ネットワークを形成して支援に当たることが求められる。

(2) 共生を目指した学校集団での支援のポイント

　発達障害のある児童生徒は，学習上の課題だけでなく，集団生活のルールが守れずに周囲の児童生徒とトラブルを生じやすい。そのため，学校生活上の指導・支援にも，児童生徒の障害特性や実態に合わせた工夫や環境設定が必要である。

　例えば，集団生活のルールを"理解できていない"ので守れない場合には，伝え方の工夫が必要となり，発達障害のある児童生徒であれば，視覚認知が優位であるという特性に合わせたルールの「見える化」が求められる。さらに，重度軽度を問わず，知的障害を伴う児童生徒であれば，「理解力に合わせた言葉」で補足する等の工夫が求められる。

　さらに，集団生活のルールを理解はできているが"気もちを抑えられない"場合には，気もちをコントロールできる環境を設定したり，感情をクールダウンできる場所やかたわらにいると落ち着ける人を見つける努力が必要だったり

する。将来の社会参加や自立を視野に入れて，最終的には，「自分で自分を落ち着かせる」「自分で自分の不安を取り除く方法を見つける」ことができるように指導・支援することが重要になってくる。また，特に自閉症スペクトラムの児童生徒では，他者から自分の発言や振るまいがどう見えるかを理解していく能力である「メタ認知」に困難がある場合も多いため，そうしたメタ認知の資質を育成するための指導・支援（例えばSST等）が適応上，重要な役割を果たすと考えられる。

　ただし，表現型としての不適応にも以下のようなパターンも考えられるため，障害特性のみに注目するのではなく，学校や家庭の環境的側面も視野に入れて，総合的な観点から支援体制を組み立て，個々の児童生徒の生きづらさを支援していく取り組みが必要である。

- 障害特性から生ずる困難
  ① 見えないルールの理解が難しい
  ② メタ認知の機能不全（内省や振り返りができない）
  ③ 想像力の不全（他者の気もちになってみる）... etc.
- 学校や家庭の環境に由来する困難
  ① 自己肯定感が低い（自信がない）
  ② 不安や不満に耐えられない
  ③ 感情の波が大きい
  ④ 自分が振り回されないために，他者を振り回す... etc.

〈参考・引用文献〉
齊藤万比古編（2009）『発達障害が引き起こす二次障害へのケアとサポート』学習研究社
独立行政法人 国立特別支援教育総合研究所（2015）『特別支援教育の基礎・基本 新訂版』ジアース教育新社
独立行政法人 国立特別支援教育総合研究所編（2015）『改訂新版　LD・ADHD・高機能自閉症の子どもの指導ガイド』東洋館出版社
文部省　学習障害及びこれに類似する学習上の困難を有する児童生徒の指導方法に関する調査研究協力者会議（1999）「学習障害児に対する指導について（最終報告）」
渡辺徹代表・宮城教育大学特別支援教育総合研究センター編（2005）『特別支援教育への招待』教育出版

III　特別支援教育の応用

8章

疑似体験から考える合理的配慮

1. 障害の疑似体験

(1) 疑似体験とは

　器具を装着する等して障害のある状況を一時的に体験することを，障害の疑似体験という。疑似体験によって，その障害のない人にとって実感が得られにくい問題状況への気付きや理解の促しをねらうことができる。疑似体験用具一式さえあれば誰でも実施できる手軽さや，体験学習であるため比較的容易に障害（Impairment）について興味・関心をもたせやすいという利点もある。ここでいう「障害（Impairment）」とは，人間に備わっている感覚や運動等が機能していない状態が継続する状態を指している。そのため，一時的に障害のある状況になることをもって「障害を体験した」ということは正確ではない。例えば，見えている人がアイマスクをして少しだけ見えない状態を体験することによって，見えない状態で長い間生活してきた，そしてこれからも見えない状態で生活する人のことを理解できるかといえば，それは不可能である。また，疑似体験は，見えない状態やきこえない状態になることを事前に説明を受けた上で，そうなる状態をすぐに体験することが多い。しかし障害当事者（特に中途障害当事者）にとって「そうなる状態」とは，理由もなく突然生じるものであり，その後も環境や社会から制限あるいは排除されるのではないかといった恐怖や「障害（Impairment）」が進展することへの不安といった心理的反応や精神状態も伴うことがある。そうした障害受容のプロセスまで理解できるかどうかは難しい。それゆえ，「疑似体験によって障害当事者の気もちや大変さを理解する」

128

という目的のもとに疑似体験を実施することには慎重さが求められる。

　現在，多くの学校で総合的な学習の時間等を活用して，疑似体験を通して障害当事者とともに暮らす社会について考える機会を設定している。ここで気をつけなくてはならないことは，疑似体験をすることによって障害当事者に対する誤った理解を生じさせてはならないということである。それゆえ，障害（Impairment）あるいは障害当事者を理解するという視点ではなく，むしろ，周囲の人間を含めた環境や社会によって障害（disability）が生じていることの理解へつなげることを目指した疑似体験の機会とする方が，誤解が生じにくい。障害（disability）とは，環境や社会が障害（Impairment）のある者に対して不利益または活動の制約を生み出しているものをいう。例えば，実際にアイマスクを着用した疑似体験を行うと，「見えないことは怖い」といった感想をあげる体験者が存在している。この感想は，疑似体験の本来のねらいとは全く異なる，不適切な理解につながってしまったことを示している。そうではなく，「点字ブロックを自転車で妨害してはいけないのだ」「みんなが安心して外出できる環境が必要だな」という意識をもって疑似体験を終えることができるようにすることが大切である。また，読話の疑似体験を行うと，適度な速さで口唇をはっきり動かして話す人の映像からいくつかの日本語が読み取れたことで，「読話は意外に難しくはない」と聴者（日本語母語話者）の基準で判断してしまう体験者がいる。そうではなく，聴覚障害（Impairment）と社会が音声日本語の情報を獲得できるように配慮していない障害（disability）によって日本語の語彙や文法を十分に身につけていない「二次的障害」が障害当事者に起きていることに気付くように説明することが大切である。

　そのためには，何のために，何を行うのかを体験者が十分に理解した上で疑似体験を行えるための事前の指導，また，障害（Impairment）があってもできることは多いことや環境を整備することの大切さへの気付きにつながるような事後の指導も重要である。事前指導，疑似体験，事後指導が一つのセットであり，ただ疑似体験を行うだけでは，むしろ有害となる危険すらあることに留意する必要がある。

(2) 疑似体験から考える合理的配慮

　障害のある子どもが平等に教育を受けることができるように，できるかぎりの変更や調整を行うことを合理的配慮という。障害者差別解消法が施行された現在においては，これは「特別にしてあげる」ことではなく「普通にすること」であるが，このような配慮をいまだに特別扱いと考える人もいる。そうした意識を払拭する方法の一つとして，疑似体験から合理的配慮を考えるという方法がある。つまり，まず見えない状態で学ぶ体験をすることで，視覚情報だけでは他の子どもたちと同じように学ぶことができないこと，きこえない状態で学ぶ体験をすることで，音声情報だけでは他の子どもたちと同じように学ぶことができないことを実感する。次に，そのような子どもに「読みなさい」「ききなさい」と指示するのではなく，子どもたちに対応するように教育手段の「変更・調整」を行うことが必要であることを理解する。そこから，「合理的配慮」すなわち「変更・調整」するということは，「平等な教育のために必要なことであり，特別扱いではない」という理解に達することをねらう，という方法である。これは，学習指導要領（平成29年3月公示）中の「障害のある児童（生徒）などについては，学習活動を行う場合に生じる困難さに応じた指導内容や指導方法の工夫を計画的，組織的に行うこと」という記述とも関連することである。

　以下に，視覚障害，聴覚障害を例に，平成31年度から大学の教職課程において必修科目として実施されることとなった「特別支援教育の免許を取得しないものを対象にした特別支援教育に関する授業」において実施することを想定した，疑似体験の実際について述べる。いずれも体験だけでなく，事前，事後指導が大切であることは前述のとおりである。

2．疑似体験の実際

(1) 視覚障害の疑似体験

①　見えない場合の教材について考える

目的：見えない状態で学ぶには，視覚的教材を他の感覚で捉えることができる教材が必要であることの理解を図る。

使用するもの：アイマスク，視覚障害児用触覚教材（触地図等）

方法：2人組を作り，1名がアイマスクを着用し体験者となり，もう1名は観察者となる。体験者がアイマスクを着用し，落ち着いた時点で教材を手渡す。体験者は，それが何か触りながら考える。その際，考えていることを声に出して，観察者に伝わるようにする。観察者はしばらく黙ってその様子を観察する。一定の時間が過ぎたら，観察者は，体験者の理解が深まるであろうと考えられる方法で説明を加えたり，手を誘導する等，支援者として関わる。体験を終了し，体験者，観察者兼支援者それぞれの観点からの印象や考えたことについてディスカッションする。その後，役割を交替して疑似体験を行う。最終的に，見えない子どものことを考えた教材と指導法が「平等に学ぶ」ために必要であるということ，教員が特別支援教育の専門性を有していることや特別支援学校との連携の大切さに気付くことをねらう。

②　見えにくい場合の教材について考える

目的：見えにくい状態で学ぶには，視覚的教材を見やすくなるようにすることが必要であることの理解を図る。

使用するもの：弱視シミュレーションゴーグル（混濁），通常の文字サイズの教科書や教材，拡大教科書や拡大した教材（同じ部分を用いる）。

方法：2人組を作り，1名がゴーグルを着用し体験者となり，もう1名は観察者となる。体験者がゴーグルを着用し，落ち着いた時点で通常の文字サイ

ズの教科書あるいは教材を手渡す。体験者はそれを読もうと試みる。その際，考えていることを声に出して，観察者に伝わるようにする。観察者は黙ってその様子を観察する。一定の時間が過ぎたら，観察者は，拡大教科書あるいは教材を渡す。体験者は，拡大した場合に読めるようになった，拡大しても読めない等，状況を観察者に伝えながら読もうと試みる。その間に，教室の照明を暗くする等，環境を変化させると見え方がどう変わるかの体験も行う。体験を終了し，体験者，観察者それぞれの観点からの印象や考えたことについてディスカッションする。その後，役割を交替して疑似体験を行う。最終的に，通常の教材では見えにくいために学ぶことが難しく，その人の見え方に合った変更や調整が必要なこと，適切な読む環境を整えることが「平等に学ぶ」ために大切であること，教員が特別支援教育の専門性を有していることや特別支援学校との連携の大切さに気付くことをねらう。また，一つの体験で「これが弱視の見え方だ」と思われないように，弱視の見え方の多様性についても言及しておく。

　なお，弱視シミュレーションゴーグルは，混濁によってぼやけを生じさせた上で，視野に制限を加える等の変化を加えてもよい。中心暗点の疑似体験は，実際の中心暗点の見え方の再現性が低く，屈折異常の疑似体験は不快感が強く誤解を招きやすいので注意が必要である。

図1　弱視シミュレーションゴーグル
(左：視野狭窄，右：混濁)

(2) 聴覚障害の疑似体験

① 音声言語を受信することが困難な疑似体験
—音声が歪んできこえる難聴—

目的：日本語音声が歪んできこえるとはどういうことなのかを疑似体験する。
使用するもの：音声編集・加工ソフトで便宜的にローパスフィルタ処理した（高音域の部分をカットした）日本語音声の単語群。高音域の聴取が困難である感音性難聴の者が多いことを踏まえている。

方法：加工した日本語音声の単語群をきかせて，どのようにきこえたのかを回答してもらう。各単語の内容を教えた後で再度きかせると，参加者から「ああ，集中してきくと，そのようにきこえてくる」とのコメントが出される。これに対して，補聴器や人工内耳を装用しても聴者と同等のきこえにならないこと，たとえ（リ）ハビリテーションを多く重ねても限界があること，日常生活でも音声をききとることに緊張と集中を長時間強いられること等を当事者の体験も交えて説明する。その上で障害状況を解消するために，それぞれの立場からどのような取り組みが必要となるのかを参加者同士で話し合う。

② **音声言語を受信することが困難な疑似体験—読話シミュレーション—**

目的：日本語音声を読話で受信するとき，どのような困難があるのかを疑似体験する。

使用するもの：日本語話者が複数の単語と短文を話している動画。

方法：最初に動画，次に編集・加工した音声あるいは雑音も加えた条件で再生して回答してもらう。同じ口唇の形や運動のパターンでも意味が複数あること，口唇の形や運動のパターンの数が日本語音節の数よりもかなり少ないため話された内容が推測困難であること等を説明する。その上で障害状況を解消するために，それぞれの立場からどのような取り組みが必要となるのかを話し合う。また，聴覚障害のある子どもが身につけている日本語の語彙や文法規則によって推測する内容や範囲が変わることにも留意する。なお，聴者は騒音環境で音声をききとるときの手がかりとして読話を無意識に行っていることを説明し，軽度・中等度の難聴者にも口唇の情報が必要であることを伝えるとよい。

③ **日常会話及び授業における参加制限の疑似体験**
　　—二次的障害としての心理的体験も含めて—

目的：複数人による会話（雑談，授業，会議等）の参加制限を疑似体験する。

使用するもの：テレビ番組の視聴や模擬授業の動画。

方法：テレビ番組の視聴や模擬授業の受講を音声がきこえにくい状況で5分ほ

ど行う。参加者同士で，視聴または受講の内容は何だったのかを話し合い，実際の内容との情報格差を確認する。また情報格差による社会的不利益を体験するために，視聴内容がわかるきこえる人役も交えて視聴内容を話題にした雑談を行ったり模擬授業の小テストを実施したりする。その上で障害状況を解消するために，それぞれの立場からどのような取り組みが必要となるのかを話し合う。

以上の疑似体験を実施した後は，例えば，参加者に次のようなレポート課題を与える。「通常の学級であなたが担任している聴覚障害のある子どもは，疑似体験で経験したような障害状況を日常的に直面しています。この障害状況の蓄積によって生じる二次的障害にはどのようなものがあるのかを踏まえつつ，これら障害状況を軽減するために学級でどのような教育支援と環境整備が考えられるのかを述べて下さい。」 参加者が提出したレポートの内容を見て疑似体験の目的の達成度を評価したり各疑似体験の内容や進行等を振り返る等を行う。

3．その他の留意点等

(1) 安全と衛生の管理

疑似体験を行う際に，例えばアイマスクや耳栓をした状態での歩行を体験させることがある。これは，転倒や衝突の危険があり，十分な安全対策（防具，複数名のサポートをつける等）といったことなしに実施してはならない。また，そのような状況であっても，歩行をすることで「怖い」という印象が強くなり，適切な理解へとつなげることは難しいため，学校教育の段階で障害の特性についての理解のない児童生徒に実施することには慎重になる必要がある。

また，アイマスクや弱視体験ゴーグルのように直接目に触れる器具を使い回すことには，衛生上問題がある。アイマスクの場合は使い捨てにするか，目とアイマスクの間にティッシュペーパー等をはさんで人ごとにティッシュペーパーを交換する，ゴーグルの場合は，医療用消毒綿で接触面を拭く，といった衛

生管理が必要である。

(2) 当事者の活用

　疑似体験は障害当事者以外の者が体験することであるため，疑似体験後に障害（Impairment/disability）への関心が高まり，「実際に障害のある人はどのようにしているのだろうか」という関心や疑問が生じるのは普通のことである。そのような関心が高まったときに，実際に障害当事者との関わりの機会をもつことは理解を深める上で効果的である。また疑似体験前に，障害当事者から生活で工夫していることや困っていること，疑似体験で考えてほしいこと等について話をきく機会を設定することも，疑似体験への意識を高める上で効果的である。このように，疑似体験の前後に障害当事者と関わる機会を設けることは適切な理解や深い学びへの導きに効果的である。ただし，障害当事者であれば誰でもいいということではなく，同じ障害名であってもさまざまな状態の人がいることを踏まえて全体的な話ができる障害当事者であることが望ましい。

〈参考・引用文献〉
坂本洋一・中野泰志・矢田礼人（1997）「特集　視覚障害の理解のために―擬似体験」『視覚障害：その研究と情報』152，pp.1-18
芝田裕一（2007）「視覚障害の疑似障害体験実施の方法及び留意点：手引きによる歩行を中心として」『兵庫教育大学研究紀要』30，pp.25-30
都築繁幸・小田侯朗・青柳まゆみ・岩田吉生・相羽大輔・吉田優英（2015）「教員養成系大学における障害の理解・啓発及び体験学習の実践」『障害者教育・福祉学研究』11，pp.107-119
徳田克己・水野智美編（2005）『障害理解：心のバリアフリーの理論と実践』誠信書房
文部科学省（2018）『小学校学習指導要領』東洋館出版社
文部科学省（2018）『中学校学習指導要領』東山書房

9章

個別の教育支援計画・指導計画

1.“個別の計画”の作成と活用

　「個別の教育支援計画」とは，障害のある子ども一人一人について，乳幼児期から学校卒業後までの一貫した長期的な支援計画を，学校が保護者や医療，福祉，保健，労働等の関係機関と連携しながら作成するものである。一方，「個別の指導計画」とは，「個別の教育支援計画」や学校における教育課程等を踏まえ，障害のある子ども一人一人の指導目標や支援内容等を具体的かつ明確にして，きめ細かで効果的な指導の実現を目指すためのものである。「個別の指導計画」を作成する長所として，姉崎（2001）は「個々の児童・生徒の指導課題が明確になり共通理解がしやすい」「指導の経過を継続的に記録でき一貫した指導がしやすい」「教師相互の教育観や障害観を深められる」「保護者との信頼関係が深まり連携がとりやすい」の4点をあげている。

　2009年3月に告示された特別支援学校の学習指導要領では，特別支援学校に在籍する子どもたち全員について，「個別の教育支援計画」及び「個別の指導計画」を作成することが定められた。さらに，2017年3月に告示された小学校及び中学校の学習指導要領では，特別支援学級在籍の子どもや通級による指導を受ける子どもについても両計画の作成と活用が義務づけられるとともに，それ以外の障害のある子どもたちについても作成と活用に努めることが示された。このように，個々人の実態やニーズに対応した特別支援教育の充実，さらには障害の有無を超えたインクルーシブ教育システムの実現に向けて，「個別の教育支援計画」及び「個別の指導計画」は，近年ますます重要性を増している。

　そこで以下では，「個別の教育支援計画」及び「個別の指導計画」を一括し

て"個別の計画"として扱い，その作成と活用の一般的な流れと陥りやすい問題点を参考例により検討する。参考例は2名で，周囲とのコミュニケーションが苦手でいろいろなことに自信がもてなくて不安定になっているAさんと，給食の時間にパニックを起こすことが多いB君である。

(1) 作成作業の前に行うべきこと

"個別の計画"の作成はアセスメント（実態把握）から始まると考えられがちだが，それ以前に，子どもの具体的な行動とその解釈，問題点や指導課題等の大枠が作成者である教員に認識される必要がある。

一般的な発達経過と比較しての対象となる子どもの状態像，個体内のアンバランス，行動文脈の違和感，集団の中での特異性等から，「これは課題として取り上げるべきだ」との気付きが必要である。子どものアウトラインを描き出すのである。もしもアウトラインがなければ，その後の作成作業は方向性の定まらないものとなり，策定される指導方法等は意味をもたない。

参考例を見る。Aさんは，引っ込み思案で友達とのおしゃべりを避けるようになった。そこでよく観察すると，運動機能や対人関係は周囲と違いを感じないが，発語が低い水準にとどまっている。そうすると，友達との関わりについての現在の様子は，対人関係の問題ではなく，発語の困難が，周囲の活発なコミュニケーションの中で疎外感を生じさせたとのアウトラインが描かれるであろう。

一方，B君は，授業中は教室で友達と勉強ができるが給食の時間には不安定になり，誰もいない場所で遊ぶようになった。はじめはメニューが影響していると思われたが，今ではそれも明確ではない。これは，当初の嫌いなメニューを避ける行動が常態化し，今では一人でいると教員が来てくれることを期待しているとのアウトラインが描かれるであろう。

(2) アセスメント（実態把握）

アウトラインに基づいて，情報の収集と分析の段階に入る。医療的情報，知

能・発達検査等の情報，保護者等からの情報，生育歴や療育・教育歴の情報が必要である。

「目の前の状態像の記述」や「障害構造の記述」が，アセスメント（実態把握）であると勘違いしてはならない。アウトラインに基づき障害構造と状態像との「関係」を総合的に判断して，はじめて的確なアセスメント（実態把握）が可能となる。

例えば，Aさんの状態を「情緒不安定」「言語発達の遅れ」と捉えても意味をもたない。Aさんは，周囲とのコミュニケーションがうまくいかないことによる「不安定」であり，その背景に「発語に限定した遅れ」があるのが実態である。

一方，B君を「パニックの頻発」「特定場面での対人関係の回避」と捉えても指導実践に結びつかない。B君が給食を友達と一緒に「とらない・とれない」背景には，特定の食材への食物アレルギーを含めた過敏な反応がある可能性等も視野に入れなければならないのである。

(3) 目標の設定

収集された情報に基づいて，教育的にアプローチ可能な長期目標と短期目標の設定の段階に入る。長期目標のスパンは1〜3年程度，短期目標は3〜6か月を目途にすることが多い。この段階ではじめて，教育の場での指導目標，つまり対応できるニーズの範囲がある程度確定する。

支援を必要とする子どものニーズは多様である。保護者のニーズも，また指導する側の把握しているニーズも同じように多様である。しかも，そのニーズが相容れない性質のものもある。注意すべき点は，保護者の希望が，必ずしも本当の意味での子どもの成長や適応に向けて支援を受けるべきニーズではないこともあるという点である。

そこで目標の設定にあたっては，保護者との面接を行い，その希望をきくとともに，教員側のアセスメント（実態把握）により明確になった子どもの困難に関して情報提供を行い，共通理解を図る必要がある。その過程で，子どもの

ニーズと保護者の希望とのすり合わせが可能となり，長期的・短期的に支援すべき目標が，保護者と教員の双方に明らかとなり，共通理解に近づくことができる。

　参考例を見ると，Aさんの保護者の希望は，引っ込み思案になった様子を気にして，「お友達と仲良くしてほしい」かもしれない。しかし，アセスメント(実態把握)から浮かび上がるニーズは，発語を促すことであると教員が考えるならば，その状況を的確な情報に基づいて話し合い，目標を定めることである。

　B君の保護者の希望も「お友達と仲良く一緒に食事をしてほしい」かもしれない。しかし教員側の考えるニーズが，パニックという表現手段以外で食物の好き嫌いを意思表示することならば，その違いを埋める必要がある。

　また，実態と目標を混同しないように留意しなければならない。困難の克服がそのまま指導・支援の目標になる懸念がある。ときとして，歩けない子どもの目標が「歩けるようになる」こと，慢性疾患の子どもの目標が「病気が治る」ことであったりする。これは，アセスメント（実態把握）が不十分な結果であり，支援すべき対象を見失っていることを示す。

　Aさんならば「仲良くできないので，仲良くできるようにする」，B君ならば「パニックがあるので，パニックを起こさないようにする」といった目標は同語反復にすぎない。目標の設定は，「仲良くできない要因」「パニックの原因」を見極めること，アプローチすべき対象の両方を想定して行われる作業である。

(4) 具体的な支援内容の決定

　支援内容は，長期目標と短期目標に照らして，どのようなスパンで何を行うかを具体的かつ明確に述べる必要がある。ここでも目標と同様に，実態と支援内容を混同しないように留意する必要がある。「勉強時間にきちんと着席できない子ども」の支援内容が「着席できるようにする」こと，「スプーンを使うのが苦手な子ども」の支援内容が「スプーンを使えるようにする」ことであっては何をすべきかが不明確であり，指導実践にはつながらない。

参考例を見る。Ａさんの短期的支援内容は「教師と一対一で，静かな部屋で本を読む」「少人数でカルタ等の言葉を使うゲームをする」，長期的支援内容は「決まった内容のお話の機会を集団内で設定する」等である。

　一方，Ｂ君の短期的支援内容は「メニューとパニックとの関係を把握し，苦手なメニューのときには事前にＢ君に知らせる」「２～３人の小集団での給食指導」，長期的支援内容は「苦手なメニューのときには，『別の部屋で別なものが食べたいです』と教員と一緒にみんなに伝える場を設定する」等が考えられる。

(5) 活用と評価

　アセスメント（実態把握）に基づいて設定された目標と，それに対応した支援内容が具体的であれば，"個別の計画"は，日常の指導に活用されるし，子どもの変容を教員が認識した際に常に確認されることになる。それは日常の指導の微調整へとつながる。そして短期目標の期間で，支援内容が必然的に評価され，次の目標策定の際の素材となる。

　さて，指導実践により，当初予想したようなポジティブな変容もあるし，逆にネガティブな方向への変容，さらには予期しないような変化が生じることも多い。教員は，ポジティブな変容に偏って認識する傾向があることは否めない。しかし，分析的に子どもの状態像を把握することで，ポジティブ／ネガティブの二分法を超え，多面的な子ども像と支援等の環境の両面が理解可能で，次の目標や支援内容の策定にとり意味のある情報を抽出することができる。

　Ａさんでは，「話し言葉を使う」場面の活用を考えたが，「書く」ことで発語が安定することが観察されたので，次の短期目標には集団の中での発語を促す手段として，「書字とその読み」を取り入れるといった具合である。

　Ｂ君では，「メニューによっては小集団での給食も可能」となったので，メニュー限定で，「大きな集団での給食」を次の短期目標とするといった具合である。

　長期目標には達していないが，その時点での評価に応じ，Ａさん，Ｂ君とも

に短期目標が変更され，教員も具体的な次の手立てを考えるのが容易となる。つまり評価は，子どもの行動変容と教員が設定した目標・支援内容の両方を総合的に認識し，新しい目標・支援内容の設定を可能にするのである。

2. 知能・発達検査によるアセスメント（実態把握）

"個別の計画"におけるアセスメント（実態把握）で得られる情報は，対象となる子どもたちがそれぞれ有する独自な側面の情報と，子どもたちに共通した側面の情報とに大別することができる。そして小池・雲井・吉田・阿部（2011）は，子どもたちに共通した側面の情報は，教員間で共有しやすく，独自な側面の情報とあわせることで効果的な引き継ぎに役立つと述べている。このような意義等があることから，さまざまなツールが活用されている。ここでは，その中でも知的発達の水準を測定するツール，すなわち知能・発達検査に焦点をあて，各検査の特徴と検査によるアセスメント（実態把握）の留意点について解説する。

(1) ビネー式知能検査

1905年，フランスのビネー（Binet）とシモン（Simon）が作成したのがはじまりで，世界初の知能検査法でもある。日本では2018年現在，「田中ビネー知能検査Ｖ」（2003年刊行）が普及している。知能が何歳児の平均レベルに相当するかを表した，精神年齢（Mental Age：MA）を測定できるのが特色である。また，精神年齢と実際の年齢（生活年齢 Chronological Age：CA）の比をもって，知能指数（Intelligence Quotient：IQ）の算出が可能である（$IQ = MA \div CA \times 100$）。MAがCAと同じペースで上昇していればIQは100であり，この100が標準とされている。つまり，ここでのIQとは，知能の発達スピードを表している。仮に，CA5歳のときにMA6歳・IQ120だった子どもが，CA10歳のときにはMA11歳・IQ110になったとする。この場合，IQは低下しているもののMAは上昇しているため，知能の発達スピードが以前と比べて緩やかになっただけで，知能そのものが衰

えたわけではないと解釈することができるのである。

　さて、「田中ビネー知能検査Ｖ」の適用年齢は２歳から成人までと範囲が広い。ただし，対象者において能力間のアンバランスがほとんどない場合は比較的短い時間で検査を行うことができる反面，アンバランスが大きい場合は時間がかかってしまう傾向がある等，検査の所要時間は対象者によってかなり異なる。検査は，各年齢級（１〜13歳級）の課題と成人級（14歳以上）の課題で構成されている。２〜13歳までについてはMAとIQを算出するが，14歳以上については原則としてMAは算出せず，偏差知能指数（Deviation Intelligence Quotient：DIQ）が採用されている。DIQとは，同じ年齢（年代）の人たちの中における相対的な位置として知能の高さを表すもので，同年齢（年代）集団の平均と同程度の知能であればDIQは100となる。つまり，対象者の知能が同年齢（年代）集団の平均からどの程度隔たっているのかを把握したいときには，DIQが有用であるといえる。ただし，例外的に行政上の措置（例えば，療育手帳の判定）に対応するための生活年齢修正表があり，それによって，成人級の課題に至らなかった14歳以上の人についても，各年齢級の課題を実施することで，MAと従来のIQを算出することは可能である。

　なお，DIQについても従来のIQと同様，数値の低下が必ずしも知能そのものの低下を意味するとはかぎらないため注意が必要である。たとえ個人の中では知的発達が着実に進んでいるとしても，同年齢（年代）集団からの遅れが大きくなればなるほどDIQは低くなる。この場合，同年齢（年代）集団とのギャップにだけとらわれるのではなく，本人なりのペースで成長しているという事実にも目を向けることが重要である。

(2) ウェクスラー式知能検査

　1939年，アメリカのウェクスラー（Wechsler）が開発したウェクスラー・ベルビュー知能検査をはじまりとして，現在は幼児用の「WPPSI」，児童用の「WISC」，成人用の「WAIS」の３種類が開発・改訂されている。IQ（厳密にはDIQのことで，平均は100である）を算出するとともに，能力の個人内差（個人の中

での得意・不得意なことのバランス）を測定できるのが特色である。しかし，ウェクスラー式知能検査は下限がIQ40程度であるため，重度知的障害のある人への実施には不向きである。その場合は，ビネー式知能検査や発達検査（例えば，後述する「新版K式発達検査2001」や「遠城寺式乳幼児分析的発達検査法」）を行うのが望ましい。

ウェクスラー式知能検査のうち，2018年現在，学校現場で活用されているのが「WISC-Ⅳ」（オリジナルとなるアメリカ版は2003年刊行，日本版の刊行は2010年）である。10種の基本検査と5種の補助検査で構成されており，基本検査のみで全検査IQと4つの指標得点（言語理解指標，知覚推理指標，ワーキングメモリー指標及び処理速度指標）を算出することができる。これにより，全般的な知的機能のみならず，言語の理解力・表現力，視覚的・空間的認知能力，記憶力，作業スピード等を数値化して，検査を受けた子どもが同じ年齢の人たちの中で相対的にどこに位置づくのか，また，子ども個人の中での得意・不得意なことは何かがわかる。

(3) 発達検査

重度知的障害のある人や，知的障害と肢体不自由をあわせ有する人のアセスメント（実態把握）においては，知的発達のみならず運動発達の状況も捉えられる発達検査を適用することが多い。ただし，発達検査は一般の乳幼児童を対象に作成・標準化されたもので，重い障害のある人に適合しにくい場合があるため，その適用範囲を考慮し，テストバッテリーを組んで評価する必要があるとも指摘されている。発達検査の種類は多数あるが，特に利用されているものとして「新版K式発達検査2001」「遠城寺式乳幼児分析的発達検査法」があげられる。

「新版K式発達検査2001」は，「姿勢・運動（Postural-Motor：P-M）」「認知・適応（Cognitive-Adaptive：C-A）」「言語・社会（Language-Social：L-S）」の3領域における発達状況を捉えるものである。各領域のチェック項目には，例えば，「姿勢・運動」であれば座位や一人で立つ等，「認知・適応」であればガラガラ

をもつ・振り鳴らすや図形の模写等,「言語・社会」であれば呼名反応や色の名称を答える等がある。そして,各領域と全領域における発達状態を,発達年齢 (Developmental Age : DA) として表し,DA と CA の比をもって発達指数 (Developmental Quotient : DQ) を算出することができる ($DQ = DA \div CA \times 100$)。この検査は,検査者と対象者が一緒に遊ぶような関わり合いの中での実施を重視しており,対象者の自発的な行動や自然な反応を観察しやすいことが特徴である。

「遠城寺式乳幼児分析的発達検査法」は,「移動運動」「手の運動」「基本的習慣」「対人関係」「発語」「言語理解」の 6 領域の発達状況について,簡便かつ短時間に評価することができるものである。そして,領域ごとに何歳何か月相当であるかの結果が折れ線グラフで示されるため,発達の進み具合やバランスを把握しやすい。基本的には道具を用いながら対象者に課題を提示する個別式の検査であるが,保護者等へのきき取りを併用して行われることが多い。

(4) 知能・発達検査から得られる情報

宮地 (2014) は,知的障害の診断においては IQ や DQ の値が重要であるが,実際の教育的支援においてはむしろ,それぞれの課題遂行に関わる能力の程度やバランスの方が有意義な情報となることが多いと述べている。そして,検査で確認された子どもの得意なことを生かし,不得意なことを補助する工夫や配慮を講じることが"個別の計画"を作成する際には重要である。例えば,視覚情報の処理能力が低くて作業スピードが遅い一方,聴覚・言語情報の処理能力が高い子どもの場合,漢字を学習する際は,ひたすら繰り返して書いて覚えるよりも,語呂合わせ(例えば,「親」なら「立って木を見る」等)で覚える方が有効な可能性がある。

また,検査結果の数値には直接反映されない,子どもの回答の傾向も有益な情報となる。例えば,言語による回答が求められる課題においては,回答時の語彙数や内容の的確さに着目することで,日常生活における会話や説明の力の推察に役立てることができる。さらに,正答・誤答の分布と課題の難易度との

関係やケアレスミスの頻度に着目することで，知識の偏りや集中力のムラが疑われるかどうかを検討することも可能である。

　検査中における子どもの様子も，支援を考える際の手掛かりになる。例えば，教示に対する反応（理解に時間を要する，きき返しが多い，教示が終わる前に早合点して取り組もうとしたり出し抜けに答えたりする等），声の抑揚・ボリュームの調整，視線の遣い方，身体の姿勢や手先の巧緻性，難しい課題に対する諦めの早さ／粘り強さといった，障害特性の濃淡を含めた子どもの実態または個性をうかがい知ることができる。したがって検査者は，数値の産出のみにとらわれることなく，検査を通して対象となる子どものさまざまな情報を集め，理解しようとすることが大切である。

(5) 知能・発達検査の留意点

　検査を実施する上では，マニュアルに従って行うことと，対象となる子どもが能力を発揮できるように親和的関係（ラポール）を形成することが大切である。しかしながら，これらの点を厳守したとしても，検査結果には測定誤差が存在し，検査者の技量等によってもある程度結果が左右される。また宮地（2014）は，知的障害に加えて，自閉スペクトラム症や注意欠如・多動症等の他の発達障害や精神障害がある場合では，それぞれの障害特性によって検査への取り組み自体が不安定であったり，意欲や集中力が変動しやすかったりするため，結果もその影響を大きく受ける可能性があることを指摘している。このように，検査結果の数値が唯一絶対的なものではないことに注意しなければならない。

　そして，検査で得られた情報は，あくまで検査という特殊もしくは非日常的な環境条件における子どもの様子であることも心にとどめておく必要がある。知能・発達検査の多くは個別式の検査であり，原則静穏な環境下で行われる。したがって，大人と一対一の状況であれば適応的に振る舞える反面，集団場面への適応に著しく困難があるケース（例えば，ザワザワした環境が苦手，周囲の刺激に対して注意が転導しやすい，話し合いに参加できない等）では，子どもの抱える問題が必ずしも検査に反映されない可能性がある。

また，検査結果に比して高い日常生活スキルを示す子どもも存在する。以下に，知的障害のある小学生を育てている2名の母親からうかがったエピソードを紹介する。2名の子どもとも特別支援学級に在籍しており，直近の知能・発達検査の結果は，MAまたはDAが1～2歳台レベルであったという。

　C君は，たまたま他の家族が誰も入浴しないという日に，自分だけでも入浴したいと思ったのか，自発的にお風呂の用意をして入ったそうである。母親は最初，C君が前日の残り湯を追い炊きして（追い炊き用のボタンを押して），入浴していると思っていた。しかし，母親がC君の様子を見に行くとお湯はきれいな状態であったため，「掃除して入ったの？」と尋ねたところ，C君は「うん」と答えたという。つまりC君は，前日の残り湯を捨て，浴槽を掃除し，新たにお湯を張って（自動お湯張り用のボタンを押して），入浴していたのである。

　Dさんは，家の留守番をしていたときに，一人でかき玉うどんを作っていたそうである。冷凍庫にある麺を鍋でゆで，戸棚にある麺つゆを入れ，さらに冷蔵庫にある卵を割り入れて，出来上がったら鍋からどんぶりに移し，母親が帰宅したときにはすでに食べていたという。誰が作ったのかを母親が尋ねると，Dさんは自分が作ったと主張したそうである。そして後日，実際にDさんが一人でかき玉うどんを作っている様子を母親は見かけ，さらに，Dさんが卵を入れる際，鍋に直接ではなく，いったんお椀の中に割ってから鍋に移していたことも判明したという。

　2名の母親の話によると，C君もDさんも家族が普段やっている様子を思い出し，まねて行ったのではないかとのことである。つまり，直接やり方を教わっていないにもかかわらず，C君はお風呂を掃除して入浴し，Dさんはかき玉うどんを作ったということになる。そのようなことは，1～2歳台の子どもには到底できないだろう。C君とDさんのエピソードからもわかるとおり，検査で示された知的発達の水準と実際の日常生活スキルの水準は一致するとはかぎらないのである。

　知能・発達検査はさまざまな情報を提供してくれる有効なツールであるが，その限界についても十分理解して，日常の行動観察や保護者等からのきき取り

の結果とあわせて，総合的にアセスメント（実態把握）を行っていくことが教員には求められるといえるだろう。

3．記録の集積と分析

"個別の計画"において評価は非常に重要である。子どもの行動変容に基づく指導目標や支援内容の評価が，次の計画作成にフィードバックするのである。この評価に活用する情報は，アセスメント（実態把握）以上に収集と解釈が難しい。なぜなら，さまざまな要因により変化し続ける子どもの状態像を捉える必要があるからである。ここでは，行動変容と支援内容を時系列に沿って記録したものを集積・分析する方法について，前述のAさんとB君を参考例として検討する。

(1) 時間の壁と要因の複雑さ

子どもの行動変容は，ある時期に一気に現れることはまれで，変動を繰り返しながら徐々に明確となり，周囲が認識するにはさらに時間を要する。それゆえ，具体的な支援内容と行動変容を結びつけることは非常に難しい。行動変容が発現しても，いつ頃のどのような支援が影響しているのか，その時期の他の環境要因はどうであったか等を明確にするのは困難を極める。いわば時間の壁と要因の複雑さが立ちはだかり，支援内容と行動変容との関連を明確に把握することができず，的確な評価が行えないのである。

そこで，定時・定点観察による記録の集積が重要となる。毎日，同時刻同場面を中心に据えて，子どもを観察し続けるのである。期間としては，短期目標と同じ3か月程度が最低の単位である。時刻・場面の選択は子どもにより異なるが，種々の要因の影響を可能なかぎり排除できることが望ましい。

例えば，Aさんでは，毎日ほとんど同じ時刻，同じ内容で行われる「朝の会」が一つの選択肢である。また，B君では当然，給食当番から食事までの場面が選択されることになる。

(2) コンピュータの活用

　時間の壁と要因の複雑さを完全に解消することはできないが，コンピュータの活用は評価のための情報を集積する手段としては有効である。データベースソフトや表計算ソフトを活用して，行動観察記録をデータベースとして作り上げるのである。

　記録用紙では時間経過とともに物理的蓄積量が増加し，結果として活用されがたくなる。「いつ」「何が」「どのような経過で」「どうなった」という，子どもの行動変容を把握する上での重要な事実が記録されてはいるが，抽出・分析されず情報とならないままに残される。そこでコンピュータを活用し，蓄積を容易にし，その検索能力を使い，記録に情報として意義を与えるのである。

　コンピュータの活用に際しては，記録に要する時間を1日10分程度に抑えることが必要である。しかも時刻・場面を限定し，記録のための記録ではなく，子どもの情報を集積・分析する材料であることを再確認する必要がある。

　例えば，Aさんでは，日常生活の中での発語をランダムな時間帯で長時間記録するのではなく，「朝の会」での発語記録の方が，ほぼ一定の条件で毎日記録でき，集積及び分析ともに容易である。

　B君に関して，食材とパニックとの関連を把握する場合には，記録された行動のデータを献立表に対応させてコンピュータの検索力を活用した「並べ替え」「抽出」等の処理により，時間をかけずに結論に到達できる。

(3) 画像の利用

　コンピュータと同様，デジタルカメラやビデオカメラによる画像もまた，子どもの行動変容を記録するツールとして有効である。いずれの施設・機関でも，季節の行事やイベント等の「スナップ写真」が撮られ，蓄積されてきている。そのためのカメラを，行動変容を把握する道具として利用するのである。

　ただし「スナップ」ではなく，定時・定点の観察記録として位置づけ，同じ場面を定期的に画像として保存するのである。幸い現在では，画像データは転

送により，コンピュータでの蓄積・削除が容易でしかも検索機能が活用できる。ただし画像は，あくまでもコンピュータに保存された行動観察記録の補助データとして位置づけた方がよい。

　ビデオカメラによる記録についても注意すべき点がある。ビデオは長時間記録が可能であるが，分析には記録時間の3倍以上の時間が必要で，長時間記録は分析されず放置されることが多い。そこで，ビデオによる記録時間も定時・定点記録の原則に基づき，分析時間が15分を超えない程度に抑える必要がある。

　参考例のAさんでは，「朝の会」に限定してビデオ記録し，司会や発言に限定して発語状況を追跡する方が，変容を確認しやすい。B君も，記録の起点を給食当番の始まりや「いただきます」からとし，例えば，5分間限定で毎日記録することで，観察者の恣意的な分析を回避できる。

(4) 主観の大切さとデータによる補完

　指導実践の効果を的確に示すことができる客観的指標は，ないといってよい。これは，指導実践の場面が子ども—教員間の微妙なコミュニケーションや瞬間的な判断の連続であることによる。主観対主観の連鎖が，時間軸上でやり取りとして連続するのである。教員には，そのプロセスの中で現状の指導実践と子どもの変容を常に検討する高度な認知活動が要請されている。そのゆえに，"個別の計画"の中に組み込まれている評価は，主観性を免れることはできないのである。

　しかし一方で，保護者や関係機関と連携を図っていく上では，その評価が共通理解可能な情報として受け入れられる必要がある。そのためには，これまで述べたように，行動観察記録を集積し，画像データを活用して，時間軸上での変容を的確に説明できなくてはならないのである。

　参考例のAさんでは，2週間に一度のペースで，「朝の会」のビデオ記録から発語をすべて収集し，回数や明瞭度と，その間の具体的支援内容を図式化することが考えられる。これまで，「だんだん言葉が増えました」と保護者に口頭で伝えていた内容を，可能なかぎりわかりやすい指標とともに提示するので

ある。

　B君では，特定のメニューと行動との関係を一定期間ごとに図示し，また動画データを含めてその期間ごとの行動変容を伝えることが考えられる。これまでならば，「嫌いなメニューの日のパニックが減ってきました」と口頭で伝えていた内容をできるかぎり数量化し，例えば日数等で示すとともに，映像で確認できるように提示するのである。

　これは，教員の主観を排除するためではなく，客観的に集積されたデータで，支援内容を決定する際に依拠した主観が的確であったことを示すのである。

　ここで述べた記録は，指導実践で避けることのできない主観的判断と，それを客観データで補完した資料となる。これは，保護者や関係機関との共通理解を容易なものにするばかりではなく，教員自身が，指導実践で「やったことの結果がわかる」仕組みを支えるものである。

〈参考・引用文献〉

姉崎弘，(2001)「肢体不自由養護学校における『自立活動』の今日的課題」『三重大学教育学部研究紀要』52（教育科学），pp.133-147

海津亜希子（2017）『学習障害（LD）のある小学生・中学生・高校生を支援する個別の指導計画―作成と評価ハンドブック―』学研

小池敏英（2001）「知的障害のアセスメント」小池敏英・北島善夫『知的障害の心理学―発達支援からの理解―』pp.13-19．北大路書房

小池敏英・雲井未歓・吉田友紀・阿部智子（2011）「肢体不自由特別支援学校における重度・重複障害児のコミュニケーション学習の習得状況の把握に関する研究―把握手続きの信頼性と妥当性について―」『発達障害研究』33，pp.105-118

杉田祥子（2001）「発達評価に基づいた発達促進のための接し方と遊び」『小児看護』24，pp.1109-1113

染木史緒（2014）「知能検査・発達検査【総括】」辻井正次（監修）明翫光宜（編集代表）松本かおり・染木史緒・伊藤大幸（編集）『発達障害児者支援とアセスメントのガイドライン』pp.114-117．金子書房

長谷川桜子（2006）「知能発達の障害とその支援」梅谷忠勇・生川善雄・堅田明義（編著）『特別支援児の心理学―理解と支援―』pp.153-159．北大路書房

宮地泰士（2014）「ICD-10およびDSM-Ⅳ-TRにおける知的障害の診断基準」辻井正次（監修）明翫光宜（編集代表）松本かおり・染木史緒・伊藤大幸（編集）『発達障害児者支援とアセスメントのガイドライン』pp.274-277．金子書房

10章

特別支援教育における ICT・AAC の活用

1. 情報・通信技術の活用

　障害のある人を支援する工学技術のことを，アシスティブ・テクノロジー（Assistive Technology：AT）と呼ぶ。例えばコンピュータの入力装置として，手の動作範囲が小さい人のために小型キーボードやアームレストを用いたり，不随意運動で思いどおりのキーを押さえることが難しい人には，大きなボタンスイッチやスクリーンキーボード，キーガード等を使って文字入力ができるようにしたり，手足以外の身体部位や視線で入力できる装置を使ったりする等，さまざまな支援機器が開発されている。学校教育では，個々の児童生徒の成長や発達も視野に入れつつ，一人一人の児童生徒の指導計画に沿ってこれらの技術を活用することが必要になる。また，実際の利用にあたっては児童生徒の成長や発達に応じたきめ細かな調整（フィッティング）が必要であり，導入時さらには利用途中にも細かくフィッティングすることが大切である。そのためにも，リハビリテーション工学の専門家，理学療法士や作業療法士，言語聴覚士，主治医，保護者等との連携・協力のもとで取り組みを進めていくことが望ましい。

　特にコミュニケーションに関する何らかの障害状態にある人に対して，ATを活用して支援していく臨床活動を，AAC（Augmentative and Alternative Communication）と呼んでいる。アメリカの聴覚・言語障害領域に関する最大の学術団体であるASHA（American Speech-Language-Hearing Association）では「AACとは重度の表出障害をもつ人々の機能・形態障害（impairment）や能力障害（disability）を保障する臨床活動の領域を指す。AACは多面的アプローチであるべきで，個人のすべてのコミュニケーション能力を活用する。それには，残存する発声，あ

るいは会話機能，ジェスチャー，サイン，エイドを使ったコミュニケーションが含まれる」と定義している。

　近年はこのATやAACの考え方に基づきながら特別支援教育にかぎらず教育活動全般において，情報や通信の科学技術を取り入れた実践が広がってきている。この情報や通信の科学技術の総称がICT（Information and Communication Technology）である。今日，児童生徒が「情報活用能力」を身につけ，情報社会に対応できる力を備えていく必要性はますます高まっており，障害のある児童生徒の教育においても，多様なニーズに応じた支援機器や技術の開発，活用が進められてきている。児童生徒の障害による学習上または生活上の困難を改善・克服し，社会とのコミュニケーションを広げ，自立・社会参加を実現するために今後はますますICT活用が拡大していくものと思われる。

2．AT・AACの選択

　実際の教育場面でどのような支援機器や方法を活用するかは，その対象となる児童生徒の状態によっても，また支援する内容によってもさまざまである（表1参照）。ここでは，モノを動かす，操作するといった活動に関与するスイッチと，他者とのコミュニケーションに使用できる支援機器，また，ICTと組み合わせることで利用可能性が拡大してきたパソコンやタブレット利用に関する支援方法について取り上げる。

(1) スイッチ類

　その子どもが自分の意思で動かせる身体部位（図1）にスイッチを取りつけて，On-Offを操作できるようにする方法がある。その部位と，可動する部位の動きによって，さまざまなスイッチが応用できる。例えば，手で押すことができればプッシュ型スイッチ，引く動きがあればひもスイッチ，指や顔面等の微細な動きであればセンサースイッチ，呼吸コントロールを利用した呼気スイッチ等である。赤外線技術を応用した視線スイッチも開発されている。最近の

表1　脳性麻痺における拡大・代替コミュニケーションの指導プログラム

指導段階	No.	指導ステップ	指導内容	導入基準
スイッチ遊び	1	スイッチ遊びの導入	偶然のスイッチングで生じた変化を再現させるように促す。	揺さぶり遊びなどを中断すると要求が出せる。
	2	VOCAの導入	VOCAをスイッチングすると人が答えてくれる／遊んでくれる関係の理解を促す。	好きな遊びの予期反応が認められる。または簡単な言葉を理解できる。
	3	スイッチ遊びの拡大	スイッチ遊びを拡大し，玩具の名称理解を促す。ゲーム遊びや学校・家庭での役割を分担できる機会を作る。	スイッチの因果関係が理解できる。スイッチ操作が最低限，シングルスイッチででききる。
要求を表現	4	視線や手差しで玩具を要求	玩具を2個以上提示して，視線や手差しで欲しいものを選択させる。視線や手差しで要求を表現できることを学ばせる。	具体物の名称理解が完全でなくとも導入可能。
	5	視線や手差しで絵や写真を示して要求を表現	カラー絵や写真を2枚以上提示し，これを視線や手差しで選択させる。絵や写真を差し示すと要求が表現できることを学ばせる。	具体物の名称が理解できる。あるいは絵や写真で名称が理解できる。
		（VOCAで表現）	VOCA上にカラー絵や写真を貼って，スイッチングで音声を出させて，要求を実現することを促す。	2個以上のスイッチやキーボードが操作できる。
Yes／No表現	6	Yes／Noで表現	（状況へのYes／No表現）状況を判断したYes／Noの感情表現に対し，Yes／Noの動作を形成	ステップ2が可能ならば状況を予期した感情表現がだせる可能性がある。
			（質問に対するYes／No応答）質問に対してYes／Noで応答することを促す。	具体物の名称理解〜絵の名称理解ができる。
シンボルによる表現	7	シンボルで要求する	シンボルを指して要求を表現することを促す。VOCAも可能ならば使用。	カラー絵や写真が理解できる。
	8	シンボルで遊ぶ	シンボルを指して会話することへの興味を促す。VOCAも可能ならば使用。	シンボルが理解できる。
	9	設定場面でシンボルを使用	買い物などの設定場面でシンボルを使って表現し，目的を達成することを促す。VOCAも可能ならば使用。	場面に必要なシンボルを使い分けられる。
	10	シンボルで日記や手紙を書く。	シンボルを組み合わせて，文を作ることを学ぶ。VOCAも可能ならば使用。	名詞のシンボルの他に，動詞や形容詞のシンボルが理解できる。
	11	シンボル・ブックで表現。	カテゴリーに分類されたシンボル・ブックで表現に必要な語彙を探し，表現する。可能ならばパソコン適応。	ステップ9および10が可能である。
文字による表現	12	文字で表現する	文字表現未学習レベルではシンボルを一時的に使用。文字表現可能レベルではシンボルを補助的に使用。可能ならば文字入力のVOCAやパソコンを適応。	文字を構成して表現可能。文字スキャンを視覚でやるか，聴覚でやるかなども含めて文字学習をコミュニケーション指導とは別に組み，検討する。

日本聴能言語士協会講習会実行委員会（2002）『アドバンスシリーズ・コミュニケーション障害の臨床3　脳性麻痺』協同医書出版社　より抜粋

マイクロスイッチの精度は格段に進歩しており，微小負荷タイプのものではほんのわずかな動きで入力できるものもある。

(2) コミュニケーション支援機器

　音声発信や筆談，手話等が難しい場合であっても，文字を獲得していたり，中途障害等の場合であれば，文字表をポインティングできれば，それをコミュニケーション・パート

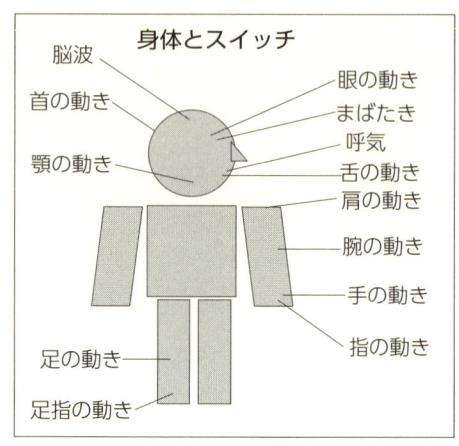

身体とスイッチ

脳波
首の動き
顎の動き
眼の動き
まばたき
呼気
舌の動き
肩の動き
腕の動き
手の動き
指の動き
足の動き
足指の動き

図1　スイッチを利用する身体部位

ナーに読み取ってもらえればコミュニケーションは成立する。50音表を，透明アクリルボードで作成すれば，対面間に挿入することで相手の視線の動きで選択を読むことができる。相手への発信手段として，利便性の高いものの一つが音声言語である。あらかじめ録音しておいたメッセージを，スイッチを使って発信させるものや，音そのものを一つ一つ文字として構成した上で機械によって音声に変換し発信するもの等，種々の機器が開発されている。これら音声出力機能がついた支援機器を，VOCA（Voice Output Communication Aid）という。文字や音声言語等，構成的な信号操作が難しい場合でも，絵記号や写真等の視覚シンボルを使ってコミュニケーションできる場合がある。現在，ネット上には無償でダウンロードできるシンボルもあって，コミュニケーション場面や校内表示等で使われる機会が増えている。

(3) パソコン・タブレットの活用

　パソコン・タブレットへのアクセスにもさまざまな方法が開発されてきており，工夫されたキーボード（50音式，拡大式，片手打鍵式）やマウスを使う方法，これらと置き換えて使う特別な装置を使う方法（先述の赤外線を利用した視線入力装置や可動身体部位を使っての入力デバイス等），あるいはそれらに加えて特殊なド

ライバソフトやアプリケーションソフトを使う方法等がある。さらに上記の
AAC 機器と接続させて使う方法等も開発されている。

　近年はタブレットが学校教育現場にも普及してきている。従来のキーボード
やマウスよりも，より直接感の高い操作環境になっていることや，小型で可搬
性があって，ディスプレイの拡大・縮小が簡単に可能であること等，利用価値
が高いことがその理由として考えられる。個々のニーズに合わせたアプリケー
ションも多数開発されており，限定的なニーズにも対応可能であることから，
特別支援教育での利用は今後ますます拡大していくものと思われる。宮城教育
大学では，『発達障害のある子供たちのためのICT活用ハンドブック』を作成
し教育現場での活用を促している。

3．導入にあたっての課題

　上記の支援技術はかなり有用性の高いものであるが，同時にその使い方につ
いては，課題もある。まず導入にあたって，子ども個々の状態に即した利用が
検討されなければならない。ともすると機器を使うこと自体が目的化してしま
いがちで，障害による困難さへの支援や指導の充実につながらないこともある。
何のために導入するのかについて指導者側が十分に把握していることが大切で
あるという意味では，一般的な教材・教具の活用と同じように考えることも必
要である。また，使い方についてもルールを決める等条件を検討しておくこと
も必要である。ゲーム的要素の高いアプリケーションの場合，子どもが夢中に
なりすぎて本来の学習意図からそれてしまうこともあり，あるいはネット環境
下での使用については，有害情報や詐欺への対策等も考えておかなければなら
ない。子どもだけではなく指導者側にも情報リテラシーの醸成が必要である。

4．実際の活用事例

(1) AAC（50音表，表情カード，VOCA）及びパソコンの活用事例

　Ｔくんは，通常小学校肢体不自由学級に在籍している５年生男児。低酸素脳症による不随意型四肢麻痺で，移動は車椅子か匍匐（ほふく）。身辺処理，食事には介助が必要である。表情や身振りで感情表現が可能であり，Yes / No も表情や身振りで表出できるが読み取りには慣れが必要である。

　普段，教室では支持椅子を利用し，カットアウトテーブルの表面には，50音表が貼られている（図2）。Ｔくんは，表の文字を指さしして意思を表現している。表には，50音表以外にも，日常的によく使用するメッセージのカードや感情を表現する表情カード等が貼りつけてあって，利用の便を図っている。

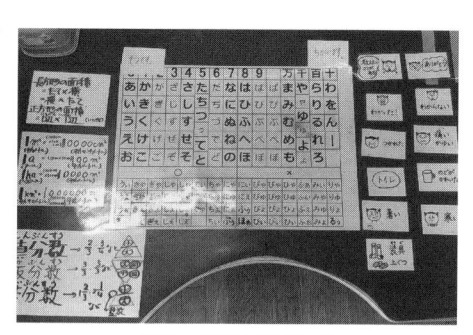

図2　Ｔくんの50音表

　この50音表への指さしは，日常的に定着した方法であるが，Ｔくんには上肢の不随意運動があるため，時折，指さしがあいまいになることがあり，慣れた人でないと読み取りに間違いが起きやすい。そこで，50音配置の大きなキーボード（インテリキーUSB：IntelliTools製）を用意し，パソコンに接続し，パソコン上でテキスト表示できるように支援した。誤入力を防ぐためにキーガードを取りつけるとともに，ガードの穴が深くセンサーの位置まで指が届かないことがあることから，ビニール製シートでボタンを作成した。さらに，キーボードのセンサー反応速度を調節する等して，Ｔくんが独力でキーを押せるように工夫を加えたところ，次第に触れる方法を習得し，50音表と同程度の精度でキーを押せるようになった。

　大きなボード上で特定の文字を探し，指で操作することはＴくんにとっては運動的に負荷が大きく，疲れも生じやすいことから，上記の方法とは別に，スクリーンキーボードをクリックだけで操作する方法も試みた。スクリーン上の文字を直接クリックする方法は難しいことから，オートスキャン機能を使って行・列指定を行い特定文字を入力する方法を採用した。

　クリックについては，キーボード及びマウスでの操作は困難であることから，外部スイッチを導入した。一つは，KINECT（Microsoft製）である。これはＴくんの頭上に認識空間を設定し，Ｔくんの腕がこの空間に入ればスイッチが入る方法である。腕の認識はRGBカメラと深度センサーによるモーションキャプチャの技術を使っている。

　もう一つの方法は，トビーPCEye（トビー・テクノロジー社製）である。これは赤外線による角膜反射法というアイトラッキング技術を使っており，キャリブレーション（座標計算のための瞳孔中心と角膜反射点の画像を習得する）をするだけで使える方法である。どちらの方法も，手指の細かな運動コントロールを必要としないため，Ｔくんも喜んで使用するようになった。不随意な動きのあるＴくんにとっては代替の方法として適しているが，腕の上げ下げや視線の固定（凝視）等，これはこれでかなりの集中力とエネルギーを必要とするため，短時間の入力は可能であるが，長時間の使用は難しい。特に視線入力装置の場合，キャリブレーションをうまく取ることが困難で，低認識のまま利用すると誤作動が多く，かえってストレスが高まることもあり，まだ使用条件が限られてはいる。今後は，これらさまざまな手段を状況に応じて使い分け，どのような場面にはどのような方法がふさわしいかを検討していくことが課題である。

(2) AAC（スイッチ：ルールの認識と動作の統合）

　Aくんは，病弱支援学校高等部に在籍している。重度の運動障害を示す脊髄性筋萎縮症の中でも，誕生後早期からその兆候を示すウェルドニッヒ・ホフマン病である。生後2か月より人工呼吸器装着。生後11か月から，意思表出を支援する取り組み開始。開始時には，意図的と推定される動作が，眼球と両第

2・3指に観察された。

①**支援目的**：Ａくんの微細な運動を一定のルールを有した意図的動作へとガイドし，意思表出の媒体として活用するスイッチ操作へとつなげる。乳児の運動である「泣くこと」さえもなかったＡくんに，指先や眼球等の微細な動きが意思伝達の道具になるとの認識を形成する試みである。

②**入力手段**：動眼筋及び指伸・指屈筋活動電位による入力，左右第2・3指による軽量・低抵抗型入力，低接触力型入力，非接触型入力を活用してきた。非接触型入力については，前述のＴくんの項にあるKINECT（Microsoft製）とトビー－PCEye（トビー・テクノロジー社製）を活用しているので，詳細は割愛する。

③**出力手段**：スイッチ操作の確認のための出力刺激と対象児の反応への応答システムは，ブザー，メロディー，単色・複数色LED，パワーポイント動画，意図的動作に応じたYes-No応答を経て，音楽・動画へと変遷した。常に意図的動作が，特定の反応としてフィードバックするシステムを用いた。

④**支援経過**：乳幼児期から重度運動障害を示す対象児には，「意図的動作」が可能な身体部位を見つけ出すことと，「認知レベル」の推定とそれに適応したルールの形成が求められる。Ａくんが常に可能な動作（出力）は何か，支援者は出力を的確に受け取る環境を整えているか？　誕生直後から明確な運動を示せないＡくんは，自分の動きが「特定の意味」をもつ信号となることを理解できるのか？　これらの課題が常につきまとう。

　最初の試みは，Ａくんが話をする人やさまざまな音を認識し，その方向に眼球を動かす定位的活動の様子から，眼球運動を制御する動眼筋活動電位によるスイッチを作製・適用した。しかし，母親や看護師の入室により意図しない眼球運動が生じた。事物・人物への定位的活動が活発で高い認知的能力が推定できるが，特定の信号に対する「意図的出力」とそれ以外の刺激に対する「活動の制御」を必要とするスイッチ操作のための「意図的動作」としての活用は難しいと判断した。

　次の試みは，左右の第２・３指のわずかな動きに着目し，伸展・屈曲を制御する前腕の筋肉活動電位によるスイッチを作製・適用した。しかし，電位導出の電極装着位置を同じにし，指の動きも同じように観察されたが，電位を導出できる日とできない日があり，安定した出力を確保できなかった。全く動いたことのないＡくんの腕はマシュマロを皮膚が包んでいるようであり，腕の置かれたベッド上のシーツ・タオルのシワの影響により，腕内の筋・腱の位置が，日ごとにわずかであるがズレることが推定された。

　続く試みは，腕の置かれたシーツ・タオルの影響を可能なかぎり排除し，左右の第２・３指の６ｇ・９度の動作力と可動範囲で操作可能な超軽量スイッチの導入である。Ａくんに関わる，医師・看護師・作業療法士，医療電子・電気工学の研究者の協力により，超軽量スイッチを用いてPC上のアプリケーションによる明確で意図的な「Yes-No」反応が確認されたのは，８歳であり組織的関わり開始から７年ほど経過していた。

　Ｔくんに対する長期の支援から，次の点を指摘できる。

　第一は，動作状況と認知レベルに応じて，使用機器と応答システムを常に検討・更新する必要があること。支援者の意図する機器の活用を優先し，支援目的と方法が逆転する事態はあってはならない。第二は，意図的動作の難しさの背景にある対象児の身体状況や生活環境を分析し，その結果を考慮した支援が求められることである。第三は，発達心理学の基本原則に則れば，幼少期から重度運動障害を示す対象児であればあるほど「動き」とそれに伴う変化，スイッチ操作によるカチッといった運動感覚や音，発光等によるフィードバックを確実に行うことである。

(3) ICT（タブレット端末）の活用事例

　発達障害の子どもの中にもコミュニケーション面で課題をもつケースは多く，AACの考えに基づき，文字や言葉の代わりとしてのICTの活用が進められてきている。ここでは，上述の『発達障害のある子供たちのためのICT活用ハンドブック』から通級指導教室におけるICT活用に関する一つの事例を紹介する。

Cくんは通常の小学校で週に数時間通級による指導を受けている小学5年生である。Cくんは気もちを自分の言葉で表現することに困難があり，気もちを表す語彙の少なさも課題とされている。これらの困難は，他者とのコミュニケーションにおける困難さにもつながり，また，気もちを適切に表現できずにため込んでしまうことは，本人にとって大きなストレスになると考えられる。

　そこで，通級指導教室においてタブレットPCとアプリケーションを用いて，言葉や文字の代わりにシンボルで気もちを表現すること，自分の気もちを表現するのに適切な言葉（音声言語や文字言語）を学ぶことをねらいとして指導を行った。なお，使用したアプリケーションは「トーキングエイド for iPad シンボル入力版（U-PLUS社）」，「ドロップトーク（HMDT社）」等のいわゆる VOCA アプリであり，シンボル（絵や画像）をタッチするとそのシンボルに対応した音声が出力される機能を中心としたものである。例えば，「僕」を表す男の子の顔の絵と「嬉しい」を表す笑顔のシンボルを押すと，「僕，嬉しい」という音声が出力される等，シンボルを組み合わせて使用することも可能である。

　毎回の授業の中で，授業開始時に気もちや体調を教員に伝える場面，授業後の振り返りで活動について感想を表す場面を設け，そこでタブレットを用いて自分の気もちを発表させるよう設定した。Cくんは，言葉での表現とは異なり，積極的にシンボルの中から自分の気もちに合うものを選び，表現しようと取り組んだ。また，活動を続ける中で，タブレットから再生される言葉を自ら模倣して口に出してみる，一つのシンボルを連続して入力する回数の違いによって気持ちの強弱を表そうとする，複数の気もちを表すシンボルを組み合わせて，より複雑な気もちを表現しようとする等，Cくん自ら感情の表現の仕方やアプリの使い方を工夫する様子が見られた。

　Cくんにとって，視覚的に理解しやすいシンボルを音声言語や文字言語の代替手段として用いたこと，限られた選択肢として画面上のシンボルの中から選ぶという手段を用いたこと，毎回の活動の中で決まった場面で使用するような授業設定を行ったこと等が，有効な手立てとなっていたと考えられる。これらの手立てが自分の気もち表現する際のCくんの負担感を軽減させることにつな

がったと考えられる。

　また，日々の活動で成功体験を重ねることが，自分なりに気もちの強弱であったり，より複雑な気もちであったりを表現しようとする C くんの意欲的な取り組みにつながったと思われる。指導においてもタブレットから表出された音声について書くよう促すことも行っているが，C くん自身が音で聴いて口に出す様子も見せており，徐々に自分の気もちを表す言葉や文字の習得にもつながっている。今後，負担感の少ない方法でいろいろな気もちを表現する中で，アプリケーションにもともと含まれていないより細やかな表現等へと語彙が広がっていくことが期待される。

(4) 視覚障害児のための ICT の活用

　見えにくい弱視児にとって，ICT は見ることの可能性を広げる補助具として活用することができる。

① 大きく拡大をして見る

　細かくてぼやけてしまうために見えにくい文字や図，表等を拡大機能を用いて拡大することで，その細部まで見ることができる。望遠鏡や顕微鏡の接眼レンズにタブレットをセットすることで，月の表面やたまねぎの細胞を見ることができる。

② 撮影をして見る

　学習活動では観察の機会が多い。しかし，観察すべき対象物が遠くにある，小さい，近づくと危険性がある，直接触ることができない等，弱視児にはいくつもの不利な状況が生じてくる。そのようなときに，カメラ機能を用いて，対象物を撮影することで，より見やすい状態での観察が可能となる。空に浮かぶ雲も，葉の間にいる蜘蛛も，手元で拡大してじっくりと時間をかけて見ることもできる。また，動きや変化がある対象物等は，ビデオ機能で撮影をしてコマ送りで静止画として見ることもできる。保存をすれば，反復しての確認もできる。

③　個々のニーズに対応して見る

　画面上の色を白黒反転表示に設定し，黒い背景に白抜き文字で表示することで光量が減少し，まぶしさを感じる弱視児には見やすくなる等，弱視児の視認性に応じて多様な活用ができる。また，単に拡大をすればすべての弱視児が見やすくなるわけではない。視野狭窄がある場合には，拡大をすることで視野内に視対象がおさまらなくなってしまう。そのような場合には縮小機能を用いることで対象物の全体像を把握できる。細部を確認したいときには拡大し，資料等の全体像を把握するには拡大率を下げたり，部分を知りたいときにはまた拡大したりと状況に応じて使うことができる。

1)教科書・教材等閲覧アプリ　UDブラウザの活用

　　公立の高等学校で学ぶMさん。部活動に積極的に取り組み，大学進学に向けて勉学に励むMさんは通常の教科書を読むことが難しい弱視である。中学までは保護者が必要に応じて拡大コピーをした教科書や教材等を用いて学習をしてきた。しかし，高等学校での授業は教科書に沿っては進まず，さらに教科書の数も量も増えた。Mさんは自身のiPadにUDブラウザのアプリをインストールし，教科書等のデータを取り込んでいる。

　　Mさんのように通常の教科書を読むことが難しい場合，検定教科書を見えやすさに配慮して作り変えた拡大教科書が保障されている。しかし，拡大教科書は通常よりも大きかったり，重かったり，厚みが増したり，分冊になるためにもち運びが不便である。また，指定されたページを開いたり，指示された箇所を探すために多くの時間を要する。さらには通常の教科書とは見た目が異なるために，心理的な抵抗感を感じる弱視児も少なくない。そのような拡大教科書の課題となる可搬性，操作性，デザイン性等を充足させ，弱視児の見えやすさや使いやすさを考慮したiPad用アプリとして開発されたのが，「UDブラウザ」(UDブラウザのアプリの開発元は「慶應義塾大学中野泰志研究室」，販売元「Climb App」)である。

　　UDブラウザでは目次検索欄に数字を入力すると指定したページにジャンプする機能がある。しおり機能を用いると，しおりをはさんだ該当ペー

ジを一覧表示できる。また，画面上にフリーハンドやラインマーカーで書き込みができ，書き込んだページを一覧表示することができる。これらの機能は授業中の要点を振り返る際に有効である。また，選択した単語の意味を調べる辞書機能を利用することで，視線の動きを伴う操作に難しさを生じる弱視児にとっては，一つの画面上での検索操作が容易になり，学習効率があがる。

2）視覚特別支援学校でのUDブラウザの活用の実践例

　定期試験での実践例である。通常の紙による試験では，問題文を読み，設問を把握し，解答欄の位置を捉えて解答をするために多くの視線の移動が生じてしまう。PDFに変換した試験問題をアプリに転送し（図3），さらにHTML化した内容を画面の端で折り返し表示ができ，拡大縮小が可能である（図4）。

　さらに，問5の問題文（図5）を読み進めながら，文中にある下線アをタップすると画面が該当する設問に自動的にジャンプする（図6）ことで，何を問われているのかの設問の意図をすぐに理解することができる。

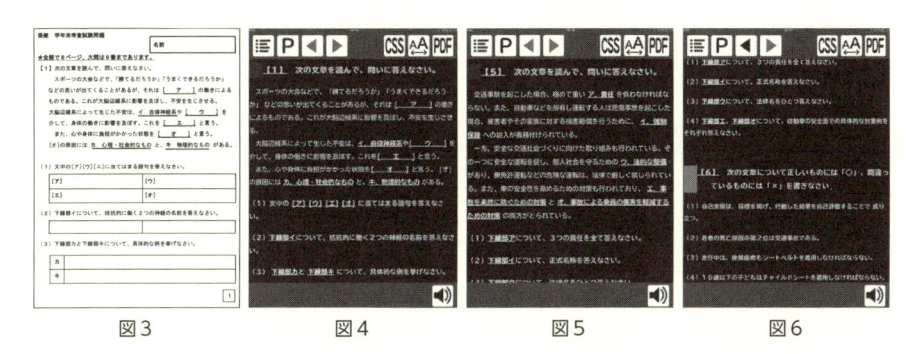

図3　　　　　　　　図4　　　　　　　　図5　　　　　　　　図6

　このような視認性や操作性に対応したICTの活用により，弱視児の多様な「見る」活動を広げていくことができる。そのためには，まずはその弱視児のニーズや見え方を適切に評価する姿勢が求められるであろう。

11章

障害児・者の福祉と支援

1. 障害者福祉のあゆみ

　今日の障害児・者の社会福祉を考える上で，現在に至るまでの障害者福祉の
あゆみを振り返ってみよう。障害者福祉のあゆみは単なる法や制度の変遷では
なく，その背景にある障害当事者の運動や国内外の動きとの関連性を理解する
ことが大切である。

(1) 戦前から戦後にかけての障害者福祉

① 戦前までの障害者福祉

　明治時代から生活困窮者に対する貧困対策の中に，「廃疾」者として障害者
もその援助の対象とされてきた。しかし，わずかでも労働能力がある者は対象
から外され，さらに「人民相互ノ情誼ニ基イテ」という地縁・血縁関係等の相
互扶助が強調されていたため，実際に救済された障害者はごく少数にすぎなか
った。

　戦時体制下では，戦争によって傷ついた傷痍軍人への手厚い保護政策が国策
として進められていたことが，その特徴といえる。

② 戦後の障害者福祉

　1945（昭和20）年に終戦を迎え，日本はGHQによる指導監督のもとで戦後の
社会福祉制度の骨格を形成していった。終戦直後は，食糧不足や失業問題によ
る国民の貧困化，さらには戦災孤児への対応が社会問題となっていた。

　そのような状況下，1947（昭和22）年には「すべて国民は，児童が心身とも
に健やかに生まれ，且つ，育成されるよう努めなければならない」（第1条）と

する「児童福祉法」が制定された。これにより，18歳未満の障害児に対する援護・保護が実施されることになった。ここからわが国の障害者福祉施策が始まったといえる。

　また，傷痍軍人以外の18歳以上の身体障害者を障害者施策の対象とした「身体障害者福祉法」が1949（昭和24）年に制定された。しかし，この法律は「更生」を目的としており，「職業能力の回復」が見込めない重度障害者等はその対象から外されていた。

　高度経済成長期に入ると国民生活は一変する。産業構造の変化や核家族化の進行にしたがい，家族の扶養・介護能力は低下した。1960（昭和35）年には「精神薄弱者福祉法」が制定され，18歳以上の知的障害者を対象とした収容施設の設置が促進された。この法の特徴は，①身体障害者福祉とは別に知的障害者福祉が法定化されたため，その後の障害者福祉が障害の種別ごとの縦割り制度として形成されていくきっかけとなったこと，②収容施設の制度化を求めたものであったため，その後の入所施設の設置推進政策のきっかけとなったことがあげられる。

　なお，この「精神薄弱」という用語は見直しが行われ，1999（平成11）年には精神薄弱者福祉法は，「知的障害者福祉法」へと改称された。

　しかし，障害者施策を担当する省庁が多岐にわたり，しかも相互の連携が不十分であったため，障害者がサービスを受ける際にも不都合が生じる問題が明らかとなった，総合性・一貫性のある障害者施策を求める声が出され，1970（昭和45）年，「心身障害者対策基本法」が制定されるに至った。ここには，障害者施策における国，地方公共団体の責務を明らかにするとともに，福祉施策に関する基本的な考え方や方向性が示されている。特に長期入所型の大規模総合施設が全国各地に建設されていった。

(2) 国際障害者年とその影響

　1960年代，アメリカ・カリフォルニア大学に学ぶ医療ケアを必要とする障害学生の支援から始まる自立生活運動は，障害者のニーズを最もよく知るのは障

害者自身であること，自らリスクを冒す権利を含めて，障害者自身が主体的に自己決定権をもつことを主張した。こうした障害者自身による自立生活運動は，障害者福祉の考え方を大きく変える転機ともなった。つまり，それまでの庇護の対象とされてきた障害者という考え方に異を唱え，障害者自身が必要な介助を得て，自らの意思で主体的に判断，行動し，生活することこそが「自立」であるとする，新しい自立観を生み出していったのである。1980年代になると，この自立生活運動は，アメリカのみならず，日本にも大きな影響を及ぼし，地域での自立生活を実現させるための障害者当事者による運動が起こるようになる。

　そのような中で，1975（昭和50）年に国連総会で「障害者の権利宣言」が採択される。さらに1981（昭和56）年に決議された「完全参加と平等」をうたう「国際障害者年」と，これに続く「国連・障害者の10年」（1983〜1992）を契機に，わが国の障害者政策は大きな転換を迎える。

　これらの国際的な流れは，「たとえ障害があっても，人間として平等であり，人間として尊厳ある生活を営む権利をもっており，可能な限り障害のない人と同じ生活条件のもとに置かれなければならない」というノーマライゼーションの考え方の広がりによるものだといえる。

　1990年代，わが国の障害者政策は，ノーマライゼーションや自立の理念に基づく「在宅施策強化と社会参加促進」にその重点を移す。1990（平成2）年に行われた社会福祉関係8法の改定は，これまでの施設入所型の福祉から在宅福祉サービスへの基盤の整備を目的としたが，自治体の財政基盤の違い等によってサービスの水準に地域格差が出てくる等の問題も生じることとなった。

(3) 障害者権利条約とその影響

　2006（平成18）年，「障害者の権利に関する条約（障害者権利条約）」が国連で採択された。この条約は「Nothing about us without us（私たちを抜きにして，私たちのことを決めないで）」をスローガンに掲げ，障害者の視点から作られたものである。その第1条には「この条約は，全ての障害者によるあら

ゆる人権及び基本的自由の完全かつ平等な享有を促進し，保護し，及び確保すること並びに障害者の固有の尊厳の尊重を促進することを目的とする」とうたっている。

　日本は2007（平成19）年に条約に署名し，いくつもの国内法が整備された後，2014（平成26）年に批准した。2011（平成23）年には「障害者基本法」（1993）の改正を行い，すべての国民が障害の有無にかかわらず尊重される共生社会の実現を目指すことが盛り込まれた。さらに，2013（平成25）年には「障害者自立支援法」（2005）の一部が改正されて「障害者総合支援法」となり，また「障害を理由とする差別の解消の推進に関する法律（障害者差別解消法）」が2016（平成28）年に施行された。

　この「障害者差別解消法」は，障害者から何らかの配慮を求める意思の表示があった場合には，負担になりすぎない範囲で，社会的障壁を取り除くために必要で合理的な配慮を行うことが求められている。こうした配慮を行わないことで，障害者の権利利益が侵害される場合には差別に当たるとされる。今後，教育現場においてもさまざまなニーズのある子どもたちに対する合理的配慮の提供が具体化されていくであろう。

２．障害児・者福祉の制度

(1) 障害者手帳制度

　障害の種類や程度に応じてさまざまな福祉サービスを受けるためには，障害者手帳を取得しなければならない。

①　身体障害者手帳

　指定医の診断書を添えて，居住地の福祉事務所等で申請手続きをする。

　身体障害者手帳が交付される障害には以下のものがある。障害の程度や日常生活にどれほど支障をきたすかにより，７段階の障害程度等級に分けられている。

- 視覚障害
- 聴覚または平衡機能の障害
- 音声機能，言語機能またはそしゃく機能の障害
- 肢体不自由
- 心臓，腎臓または呼吸器の機能の障害
- 膀胱または直腸の機能の障害
- 小腸の機能の障害
- ヒト免疫不全ウィルスによる免疫の機能の障害
- 肝臓の機能の障害

② 療育手帳

18歳未満の児童は児童相談所にて，18歳以上の者は知的障害者更生相談所において知的障害があると判定された場合に交付される。

障害の程度はIQ（知能検査等の発達検査により算出される知能指数）や日常生活動作（身辺処理，移動，コミュニケーション等の能力）等を総合的に判断して認定される。国は知的障害に関する程度及び判定基準を「重度（A）」と「それ以外（B）」としているが，実際には最重度，重度，中度，軽度の4段階に分けているところが多い。

③ 精神障害者保健福祉手帳

精神疾患により，長期間にわたり日常生活または社会生活への制約がある場合に申請できる。以下の精神疾患がその一例としてあげられる。

- 総合失調症
- うつ病，そううつ病
- てんかん
- 薬物やアルコールによる急性中毒またはその依存症
- 高次脳機能障害
- 発達障害（自閉症，学習障害，注意欠陥多動性障害等）
- その他の精神疾患（ストレス関連障害等）

(2) 年金・手当について

障害者の所得を補償するための年金支給や，障害によって生じる特別な負担を一部軽減するための各種手当がある。

①　障害基礎年金

国民年金の保険加入期間中に一定の障害程度に該当する障害者となったとき，または20歳未満で障害者になった者に支給される。支給対象になる障害程度は国民年金法附則に定められ，障害者手帳の基準とは異なる。

②　特別児童扶養手当

20歳未満の重度または中度の障害児を家庭で扶養している保護者等に支給される。扶養義務者等の所得制限がある。

③　障害児福祉手当

日常生活において常時介護を必要とする状態にある在宅の20歳未満の者に支給される。扶養義務者等の所得制限がある。

④　特別障害者手当

日常生活において常時介護を必要とする状態にある在宅の20歳以上の者に支給される。受給者，配偶者または扶養義務者の所得制限がある。

3．障害児・者の生活環境

現代の社会福祉の基本理念の一つであるノーマライゼーションを実現させる手段の一つがバリアフリーである。

(1) 福祉用具の活用

障害者の日常生活の自立を実現していくために，不自由さを補う手段として福祉用具を利用することができる。

①　補装具

身体障害者が職業や日常生活の利便を図るために，身体障害児においては将

来社会人として自立した生活を送ることができるように援助するために使用されるものである。義肢，装具，車椅子，義眼や眼鏡，補聴器等があげられる。

② 日常生活用具

介護・訓練支援用具，自立生活支援用具，情報・意思疎通支援用具等がある。

③ 自助具

体が不自由な人が日常生活動作をより便利に，より容易にできるように工夫された道具のことである。一般に購入できる。

④ 共用品

共用品推進機構によれば「身体的な特性や障害にかかわりなく，より多くの人々がともに利用しやすい製品・施設・サービス」を指す。例えば，触って違いがわかるようなシャンプーの容器等のように誰もが使いやすいように配慮されている。

(2) アクセス権の拡大

地域で暮らす障害者の社会参加のためには，安全に外出できる環境整備が必須である。1994（平成6）年に施行された「ハートビル法」では，不特定多数が利用する建造物（学校，病院，集会場等）の出入り口や階段，トイレ等を高齢者や身体障害者が円滑に利用できるような対応が求められた。さらに，公共施設が利用しやすくなったとしても，自宅からのアクセスが保障されなければ意味をなさない。そこで，2000（平成12）年に「交通バリアフリー法」が制定され，公共交通機関における移動面での施策の充実が図られた。例えば，一日の乗降客数が5000人以上の駅にはエレベーターの設置が義務づけられた。また2002（平成14）年には「身体障害者補助犬法」が定められ，身体障害者が公的施設・公共機関等を利用する際の盲導犬，聴導犬，介助犬等の受け入れ義務が明記された。

そして，従来のハートビル法と交通バリアフリー法を統合したかたちで「バリアフリー法」が施行された。この法ではこれまでのように身体障害者と限定せずに「障害者等」と変更されたことでより多くの対象者を含むようになり，

これまでの建物や交通といった部分的な整備からそれらを統合した整備へと法律面からもバリアフリーが推進されつつある。

　1995（平成7）年に出された「障害者白書　バリアフリー社会をめざして」には，障害者の社会参加を妨げているバリアとして，①物理的なバリア（歩道の段差，車椅子使用者の進行を妨げる障害物，乗降口や出入り口の段差など），②制度上のバリア（障害があることを理由に資格・免許等の付与を制限するなど），③文化・情報面でのバリア（音声案内・点字，手話通訳，字幕放送，わかりやすい表示の欠如など），④意識上のバリア（心ない言葉や視線，障害者を庇護されるべき存在として捉えるなど）の4つのバリアの存在を示している。

　障害者の社会参加に求められるものは，環境づくりに向けて物理的なバリアを取り除くことだけではなく，それらを円滑に進めていくための障害に対する無理解や差別・偏見といった心理的なバリアの解消こそが，真の意味でのバリアフリーにつながっていくのではないだろうか。

〈参考・引用文献〉

介護福祉士養成講座編集委員会（編）（2015）『新・介護福祉士養成講座13 障害の理解』中央法規出版
杉本敏夫・柿木志津江編著（2016）『障害者福祉論』ミネルヴァ書房

12章

適応困難と教員のカウンセリングマインド

1．学校適応をめぐる問題と背景

(1) 教育相談とスクールカウンセリング

　文部科学省編『生徒指導提要』(2010) によれば，生徒指導の一環と位置づけられる教育相談は「児童生徒それぞれの発達に即して，好ましい人間関係を育て，生活によく適応させ，自己理解を深めさせ，人格の成長への援助を図るもの」(p.99) であると述べられている。

　教育相談をめぐる近年の経緯をみると，文部省編『中学校におけるカウンセリングの考え方：生徒指導資料第7集』(1971)，及び『中学校におけるカウンセリングの進め方：生徒指導資料第8集』(1972) 等の資料によって，いわゆる「カウンセリングマインド」の視点が導入された。その後，文部科学省が所管する関係会議から「今後の不登校への対応の在り方について」(2003) と「今後の特別支援教育の在り方について」(2003)，及び「児童生徒の教育相談の充実について―生き生きとした子どもを育てる教育相談体制づくり―」(2007) が報告されるとともに，2007（平成19）年度からは特別支援教育の取り組みがスタートした。

　不登校やいじめの問題が深刻化する中，1995（平成7）年に中学校からスタートしたスクールカウンセラー配置事業は小学校や高等学校に拡充されている。また，家庭支援に係るスクールソーシャルワーカーの活用事業も2008（平成20）年からスタートした。現在，スクールカウンセラーやスクールソーシャルワーカーの勤務体制は非常勤が中心であり，配置状況にも地域による違いが認めら

れるが，教職員との協働体制は定着してきており，多角的な取り組みのもとで生徒指導や教育相談が行われている。

　本書のテーマである特別支援教育の取り組みは，そうした生徒指導や教育相談と深い関連性をもっている。教職員と学校内・外における専門的な支援スタッフとの連携・協働が不可欠であり，児童生徒の学校適応に向けた総合的・統合的な支援が求められている。

(2)　不登校やいじめの実態

　文部科学省の調査では，何らかの心理的，情緒的，身体的，あるいは社会的要因・背景により，児童生徒が登校しない，あるいはしたくともできない状況（病気や経済的理由によるものを除く）にあって，年度内に連続または断続的に30日以上欠席した場合を「不登校」と見なしている。不登校は，児童生徒の学校生活への適応状態を知るための重要な指標と考えることができる。1995（平成7）年度以降の小学校と中学校の不登校児童生徒数の推移は図1のとおり

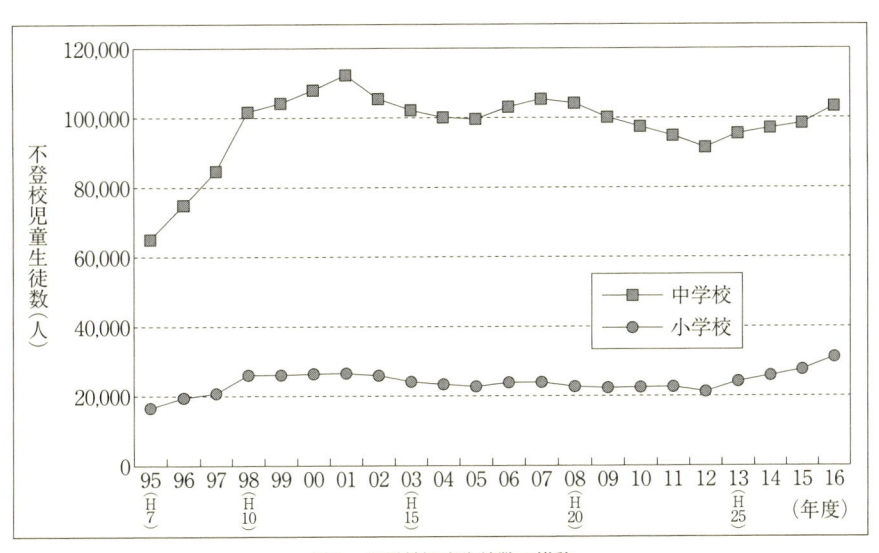

図1　不登校児童生徒数の推移

注：文部科学省調査統計をもとに作成。年間30日以上の欠席で集計。1999年度以降は中学校に中等教育学校を含む。

である。

　不登校児童生徒数は2001（平成13）年度をピークとして急増傾向が止まり，その後は微増減を繰り返しながら概ね横ばい傾向を示している。2002（平成14）年度以降の全校生徒数に対する不登校児童生徒数の割合を見ると，小学生では0.3〜0.5％台，中学生では2.5〜3.0％台の水準で推移している状況である。1970・80年代から続いていた不登校の急増が止まったことは，スクールカウンセラー配置事業等の一定の成果と考えられる。しかし，中学校の不登校生徒数が概ね100人に3人弱という高い割合のまま推移している状況等から推測すると，児童生徒を取り巻く環境には不登校を毎年新たに生み出す課題があると考えられる。

　いじめは心身の安全を大きく左右する要因であり，児童生徒の学校生活への適応を考える上で重要な課題の一つである。2006（平成18）年度以降の小学校・中学校・高等学校のいじめの認知件数の推移は図2のとおりである。

　いじめの認知件数が2012（平成24）年度に急増したが，これは2011（平成23）

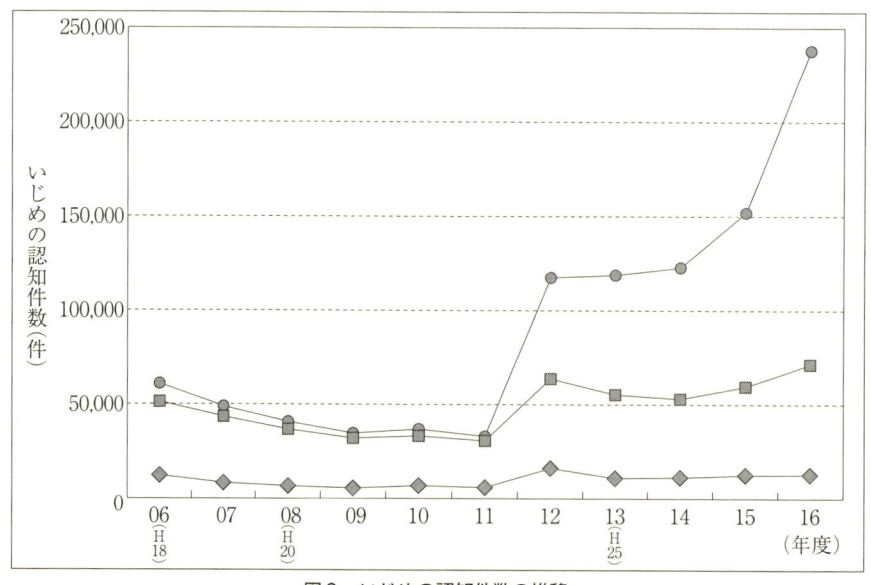

図2　いじめの認知件数の推移
注：文部科学省調査統計をもとに作成。国私立学校と中等教育学校を含む。

年に発生した深刻ないじめ事件を背景として，学校側のいじめに対する取り組みの意識が高まったことが背景にあると推測される。2013（平成25）年6月には「いじめ防止対策推進法」が公布（同年9月施行）されて，学校におけるいじめ対策の法的基盤が整備された。同法第2条ではいじめを「児童等に対して，当該児童等が在籍する学校に在籍している等当該児童等と一定の人的関係にある他の児童等が行う心理的又は物理的な影響を与える行為（インターネットを通じて行われるものを含む）であって，当該行為の対象となった児童等が心身の苦痛を感じているものをいう」と定義している。インターネット環境の発展・拡大や情報・通信機器類の普及を背景として，いじめの問題は学校内外にさまざまなかたちで広がる可能性があり，楽観できない状況が続いている。

(3) 学校適応に影響する背景的要因

　学校適応に影響する背景的要因として，家庭や学校・地域の生活環境の要因，本人の発達や精神面に関する個人的要因，さらに社会・時代的要因や災害等の自然環境要因等が考えられる。

　家庭環境に関する要因としては，家族の人間関係，養育環境，経済状態，教育への意識等が考えられる。学校・地域の生活環境に関する要因としては，教員と児童生徒との関係，学習環境，友人関係，いじめや不登校への対策，障害支援の状況，地域の連携状況等が考えられる。本人に関する要因としては，身体機能，発達や成育歴，性格や能力，興味・関心，ストレス等の心的状態等が考えられる。社会・時代的要因としては，人々の価値観や教育・学校観，経済状況や社会変動等が考えられる。自然環境要因に関しては，2011（平成23）年3月11日に発生した東日本大震災等の例があげられ，そうした災害の爪痕は長期にわたって私たちの生活全般にわたって直接的・間接的影響を及ぼすと考えられる。

　ここにあげたような諸要因は複合的に関連し合って児童生徒の学校適応に影響を与える。各種の障害は児童生徒本人に関わる個人的要因に含まれるが，適切な支援体制を整えることによって適応上の困難を防いだり軽減したりするこ

とができるから，家庭や学校・地域において，個々の児童生徒のニーズに応じた適応支援の取り組みを行うことが求められる。

2. カウンセリング

(1) カウンセリングの考え方

コンピュータの発達によって高度な能力をもつロボットやAIが身近なものとなってきた。今，ロボットの行動に何らかの不調が生じたと想定してみる。モーター（運動機能）やセンサー（感覚・知覚機能）に問題がないことを確認したら，疑わしいのはロボットの行動をコントロールしている頭脳に相当するコンピュータのプログラムである。不調の特徴からアセスメント（査定，見立て）を行い，不具合を起こしているプログラムを修正すれば，ロボットはもとどおりになるだろう。しかし，この単純な修理モデルをそのまま人間にあてはめることは難しい面がある。私たちの“心のプログラム”に他者が外から直接アクセスすることはできないし，その多くは感情と結びつきながら自動的・自律的（無意識的）に動いているため，自分で意識的に修正することが難しいからである。臨床心理学領域で研究・開発され，実践されてきたカウンセリングや心理療法は，そのような特徴をもつ私たちの心にアクセスして，心の不調やそれに伴って生じる諸問題の解決を図るための支援方法の一つと考えることができる。

カウンセリングの基本は，クライアント（相談の依頼者）と支援者であるカウンセラーとの信頼に基づく心的交流関係（ラポール）である。カール・ロジャーズ（2007）のカウンセリング理論の考え方を参考にすれば，カウンセラーはクライアントが抱えている問題に対して積極的な関心を向けて，その考えや思いを批判せずに受け止めて（受容），気もちを理解し共有するという姿勢（共感）で，相手の話に真摯に耳を傾ける（傾聴）。そうした対応による両者の心的交流の過程を通してクライアントの心の不調の改善や回復が図られ，自力による問題解決が可能になると期待される。

　カウンセリングを考える際に理解しておかなければならないのは，心の問題の性質である。通常，心の問題に関連する諸要因は複合的に絡み合っており，問題の原因を単純に特定できないことが多い。さらに，心の問題では何が問題なのかという問題状況の捉え方，すなわち問題の定義自体が難しい面がある。観点によって問題の見え方が変わることがあるからである。時間の経過に伴って問題状況も変化してゆく。目標とすべき解決の方向性や解決方法については，個々のケースの事情に応じた多様な選択の可能性があり，一律的なマニュアル的対応は通用しないことが多い。そのため，カウンセリングは，ロボットや機械の故障箇所を修理するような単純な問題解決過程ではなく，問題状況やその変化の過程を多角的に捉え，臨機応変に解決の目標や方法等を探りながら歩む発見的・創造的な問題解決過程となる（河合，1992）。

(2) 教員とカウンセラーの専門性と支援方法の特徴

　カウンセリングという方法の特徴を理解するためには，教員とカウンセラーの専門性や支援方法の特徴を比較するとわかりやすい。教員の専門性の特徴を「教え導く」ことと考えると，カウンセラーの専門性の特徴は「寄り添う」ということになろう。河合隼雄（1997）の父性－母性原理の考え方をあてはめてみると，相対的に，教員の専門性は父性原理的特徴が強く，カウンセラーの専門性は母性原理的特徴が強いと考えられる。

　また，教員の取り組みの主要な目的は，児童生徒の社会的自立に向けた成長支援であり，前向きで建設的な目標とその実現が重視される。カウンセラーの取り組みの主要な目的は，クライアントの心的不調や適応困難状態の回復・改善であり，日常生活を送る上での安全や安定性が重視される。社会的規範の遵守は教育における重要な目標の一つであり，教員は公共的な視点や価値を重視する立場にある。それに対して，カウンセラーは個人的事情を重視する特徴をもち，クライアントに何らかの逸脱・不適切行為がある場合でも，一般的な規範的・道徳的評価を保留して，受容的・共感的にクライアントを理解しようとする（逸脱・不適切行為を容認するわけではない）。

以上のような教員とカウンセラーの専門性の特徴は，両者の支援方法の違い
に反映される。教員は指導的方法を主として用い，カウンセラーは受容的・共
感的・傾聴的方法を主として用いる。前者は，どうすればよいかという目標を
相手（児童生徒や学生）に示して，そこに到達するために有用な知識や方法を指
導・助言しながら教え導くことになる。後者は，どうすればよいかという目標
を本人が探索する（悩みながら考える）ことを保障して，そのための時間や場所
を提供し，相手の心に寄り添って，安全性に配慮しながらその過程を見守り，
支えていくことになる。

(3) 指導的サポートとカウンセリング的サポートとのバランスと使い分け

　学校における生徒指導や教育相談では，教員の専門性とカウンセラーの専門
性の両方の特徴を相互補完的に生かす必要がある。ここでは，教員が得意とす
る指導的方法を指導的サポート，カウンセラーが得意としている受容・共感・
傾聴的方法をカウンセリング的サポートと呼ぶことにする。この2つのサポー
ト方法を，支援する相手の心的状態に応じて，バランスよく使い分けないと，
適切な効果が得られないばかりか，相手を心理的に追いつめたり傷つけたりす
る危険性がある。
　心理的に余裕がある相手には指導的サポートが有効だが，心理的に余裕を失
っている相手にはカウンセリング的サポートによる対応が必要になる。心理的
に余裕がある状態とは，精神的に安定しており，冷静に問題に対処することが
でき，他者からの働きかけに対して，拒否を含めて柔軟に対処できる心理状態
を指す。それに対して，心理的に余裕を失っている状態とは，精神的に追い込
まれて不安定になった状態である。その状態のときには，独力で問題に対処す
ることが難しくなり，他者からの指導や励まし等があっても，それに応じる余
力がないため，かえって追いつめられたり負担になったりして，心的状態が悪
化することがあるので注意しなければならない。

(4) カウンセリング的サポートの注意点

　ここで述べたカウンセリング的サポートは，教員が生徒指導や教育相談の研修等を通して身につける「カウンセリングマインド」の考え方と重なっており，教員とスクールカウンセラーが協働する際の共通の基盤となる。ただし教員が取り組むカウンセリング的サポートには一定の限界があり，臨床心理士等の心理支援の専門家が行うカウンセリングや心理療法とは異なることを理解しておく必要がある。また，カウンセリング的サポートを行う際には心の交流や話の内容が深くなりやすいため，お互いに辛くなったりストレスを抱えたりすることがある。時には相手の話に巻き込まれそうになる等，冷静さを失って適切な距離感を保てなくなるようなこともあるかもしれない。そのため，守秘（秘密を守る）等の倫理的配慮を行うとともに，対応が難しいと思ったら決して無理をせずに，スクールカウンセラー等の心理支援の専門家や専門の相談機関につなぐ必要がある。

3．支援の実際

(1) 実際の対応方法

　何らかの事情によって児童生徒が心の余裕を失って，不登校等の適応困難状況がみられた場合には，カウンセリング的サポートによる支援によって心の安定を図ることが当面の課題となる。そうした状況になっても，「弱音を吐かずに頑張れ」と働きかけるような指導的サポートを続けることは，相手の心理的負担を増すとともに，相手との関係を悪化させることにもなりかねない。

　カウンセリング的サポートによる対応によって心の安定が得られ，ある程度の心の余裕が生まれたら，進むべき方向や目標の探索が次のステップとなる。例えば，学校の話題を避けていた不登校の児童生徒の口から学校や登校に関する話題が出るようになったとき等がその機会であり，心の中で次のステップに

向かう新たな変化が起こっていることが推測される。話題に出るだけでなく，実際的な行動を試みることができる段階になれば，指導的サポートにも徐々に応じることができるようになると考えられる。十分に心理的余裕を取り戻して適応状態が改善した後は，対応を普段の学校生活における指導的サポートに戻すことができる。

こうした対応において，指導的サポートとカウンセリング的サポートを一人で担うことは難しい面がある。そのため，学校では教員とスクールカウンセラーが連携・協働しながら，対応のバトンタッチを検討することになる。その際，スクールカウンセラーがカウンセリング的サポートによる取り組みを行っているときには，教員側もカウンセリングマインドによる同様の対応をする必要がある。両者が協調した対応をすることが大切であり，双方が自分の専門性の正当性や優越性を主張し合って，異なる対応をしようとすることは混乱を招くおそれがある。そのため，双方がお互いの役割や方法を学んで，理解し合っておくことが重要である。

(2) 支援の取り組みにおける基本的視点

スクールカウンセリングと特別支援教育を，学校適応支援という共通の視点から統合的に考えてゆく必要がある。発達障害のある児童生徒に不登校等の何らかの適応困難状態が認められる場合でも，その障害だけを取り上げて問題視することは，問題の全体を見失わせる危険性がある。発達障害はあくまで学校適応をめぐる要因の一つであるから，児童生徒を取り巻く人間関係や学校の支援体制，教員の指導方法や，家庭における生活状況等の諸要因について勘案しながら，全体的視点から学校適応に向けた支援を検討することが必要である。その上で，支援を必要としている児童生徒が信頼を寄せ，安心できる相談相手になって，一緒に話したり過ごしたりできる場を提供することが，カウンセリングマインドの考え方を生かした学校適応支援のポイントになる。

不登校は時に「学校不適応」と見なされることが多いが，本人の立場からすれば，何らかの事情によって心身に大きな負担がかかっている学校環境から一

時的に退避して身を守ろうとした適応的行動であると捉えることもできる。そのように，心の支援では見方や立場によって行動や状態の解釈や評価が異なってくる場合が少なくないから，学校場面で生じている事態や状況をどのように捉えるかが重要な基本的課題となる。そのため，本人の立場を十分に理解・尊重した上で，教員やスクールカウンセラーらがチームを組んで，学校生活への適応に向けた多角的な視点のもとに協働して取り組む必要がある。

〈参考・引用文献〉

カール・ロジャーズ，（2007）『人間尊重の心理学・新版』（畠瀬直子訳）創元社

Bandura, A. (1977) Self-efficacy: Toward a unifying theory of behavioral change. *Psychological Review*, 84, pp.191-215.

河合隼雄（1992）『心理療法序説』岩波書店

河合隼雄（1997）『母性社会日本の病理』講談社

文部省（1971）『中学校におけるカウンセリングの考え方：生徒指導資料第7集』文部省

文部省（1972）『中学校におけるカウンセリングの進め方：生徒指導資料第8集』文部省

文部科学省（2003）「今後の特別支援教育の在り方について」文部科学省

文部科学省 不登校問題に関する調査研究協力者会議（2003）「今後の不登校への対応の在り方について」文部科学省

文部科学省 教育相談等に関する調査研究協力者会議（2007）「児童生徒の教育相談の充実について—生き生きとした子どもを育てる相談体制づくり—」文部科学省

文部科学省（2010）『生徒指導提要』教育図書

文部科学省（2014）「児童生徒の問題行動等生徒指導上の諸問題に関する調査」http://www.mext.go.jp/b_menu/toukei/chousa01/shidou/1267646.htm（アクセス日，2017-10-18）

Rogers, C. R.（1966）「カウンセリング」（佐治守夫編・友田不二男訳『ロージァズ全集 第2巻』），岩崎学術出版社．(Rogers, C.R. (1942) *Counseling and Psychotherapy*. New York: Houghton Mifflin.)

Rogers, C. R.（1966）「サイコセラピィの過程」（伊東博編訳『ロージァズ全集 第4巻』），岩崎学術出版社（Rogers, C.R. (1940) The processes of therapy. *Journal of Consulting Psychology 4*, pp.161-164. その他）

宮前理編著（2014）『カウンセリングを教育にいかす』八千代出版

佐藤静（2013）「災害と心の支援」清水修二・松岡尚敏・下平裕之（編著）『災害復興学入門』pp.100-118，山形大学出版会

佐藤静（2014）「学校適応支援の基本的観点と方法—不登校支援に関する覚書として—」『宮城教育大学特別支援教育総合研究センター研究紀要』第9号，pp.47-55.

※その他，本章の内容には学校・教育関係者や研究者等との意見交換や情報交換で得られた知見が反映されています。ご示唆いただいた皆様に心より感謝いたします。

特別支援教育への招待 ［改訂版］

2005年4月6日　初版第1刷発行
2019年10月7日　改訂版第1刷発行

編　者　　宮城教育大学特別支援教育講座©
発行者　　伊　東　千　尋
発行所　　教　育　出　版　株　式　会　社

〒101-0051　東京都千代田区神田神保町2-10
電　話　03-3238-6965　振　替　00190-1-107340

Printed in Japan
落丁・乱丁はお取替いたします。

組版　ピーアンドエー
印刷　モリモト印刷
製本　上島製本

ISBN978-4-316-80415-6　C3037